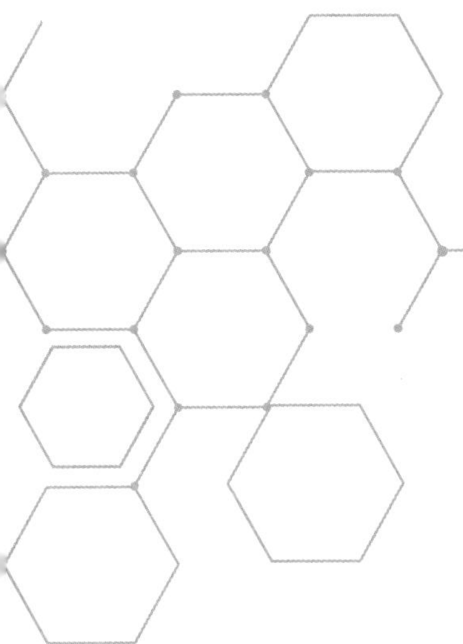

Market Competition Analysis of
E-Commerce in China

我国电子商务市场竞争分析

叶秀敏　著

中国财富出版社

图书在版编目（CIP）数据

我国电子商务市场竞争分析 / 叶秀敏著. —北京：中国财富出版社，2019.10
ISBN 978-7-5047-7093-6

Ⅰ. ①我…　Ⅱ. ①叶…　Ⅲ. ①电子商务—市场竞争—研究—中国
Ⅳ. ① F713.365

中国版本图书馆 CIP 数据核字（2019）第 254304 号

策划编辑　郑晓雯　谢晓绚　　责任编辑　张冬梅　李　如
责任印制　梁　凡　　责任校对　张营营　　责任发行　张红燕

出版发行　中国财富出版社
社　　址　北京市丰台区南四环西路 188 号 5 区 20 楼　邮政编码　100070
电　　话　010-52227588 转 2098（发行部）　010-52227588 转 321（总编室）
　　　　　010-52227588 转 100（读者服务部）　010-52227588 转 305（质检部）
网　　址　http://www.cfpress.com.cn
经　　销　新华书店
印　　刷　北京九州迅驰传媒文化有限公司
书　　号　ISBN 978-7-5047-7093-6/F・3103
开　　本　710mm×1000mm　1/16　　版　　次　2019 年 10 月第 1 版
印　　张　11　　印　　次　2019 年 10 月第 1 次印刷
字　　数　168 千字　　定　　价　52.00 元

目　录

第一章

我国电子商务发展概况

自 1991 年我国正式引入 EDI（Electronic Data Interchange，电子数据交换）以来，电子商务从无到有，几经起伏，从最开始被认为是概念炒作，到今天电子商务已经实实在在地走入千家万户。电子商务不断与各领域融合，涌现出新模式和新业态。电子商务不仅改变了人们的消费习惯，促进创业就业，还驱动了传统经济转型，成为我国经济发展的新动能。尤其最近几年，我国在跨境电子商务、农村电子商务、农产品电子商务等领域都取得了重大突破，在精准扶贫方面也发挥了显著作用。

一、概念

1. 电子商务与网络零售

简单地说，电子商务就是利用现代信息技术进行的商务活动。电子商务的交易对象主要分为两类，一类是消费者，另一类是企业等机构主体。以消费者为对象的电子商务活动也被称为网络零售。随着信息技术的发展，物联网、人工智能、大数据等广泛应用于商务活动，使得电子商务的内涵和外延不断扩展。工业互联网、网上订票、在线点餐、在线医疗、在线教育都蓬勃发展起来，无人超市、机器人送货也相继出现。由于电子商务的外延越来越宽泛，而每一细分领域的电子商务发展特点和趋势各不相同，无法在一本书中说清，因此本书主要聚焦于网络零售，把网络零售作为研究对象。本书中的电子商务特指网络零售。

2. 网络零售与新零售

2017 年，新零售掀起热潮，新零售是网络零售发展的更高级阶段。在这个阶段，网络零售融合了新的消费理念，加入更多的技术和商业创新内容。未来，像天猫和京东这样单纯的网络零售平台可能并不具有优势，单纯的电子商务时代即将消退，多领域的融合时代即将到来。新零售也不是简单的无人店铺，高科技并不一定能给消费者带来最完美的体验。融合是新零售的关键，融合代表了未来电子商务的发展方向。融合不是两两因素的简单叠加，而是多因素的互相渗透，全方位发生化学反应，最终迸发出新业态，产生新动能，进而变革整个产业链条，提升交易效率，给消费者带来全新的体验。

3. 平台竞争与商家竞争

电子商务是一个生态系统，主体之间是竞争与合作的关系。电子商务生态系统包括多种主体：平台、商户、消费者、政府、行业协会、服务商等。电子商务系统内同时存在多重竞争。其中，最主要的两种竞争是电子商务平台之间的竞争和平台上商户之间的竞争。这两种竞争中，平台之间的竞争尤为激烈。平台竞争的核心是争夺用户流量和优质商户。竞争的初步目标是获得风险投资和盈利。只有用户数量占有优势，才能吸引更多商户；只有优质商户落户平台，才能吸引更多的消费者，促进交易和品质提升；只有更多的商户落户平台，平台的增值服务才更有价值，才能获取更多利润。

电子商务平台之间的竞争与传统零售企业间的竞争有较大的差别，其中有两个本质差别。一是竞争的范围不同。电子商务平台开通后，可以覆盖全国，而传统零售业的经营受地域的限制，用户群体主要是当地居民。二是竞争的规则有差别。传统零售业要生存和发展，必须有盈利，而电子商务平台前期可以不盈利，主要靠风险投资生存和扩张。

本书主要研究的是平台之间的竞争。

二、我国电子商务发展总体情况

1. 网络零售规模保持快速增长势头

从网络零售规模来看，成交额持续扩大，2018 年网络零售交易规模突破 9 万亿元[①]，相当于当年社会消费品零售总额的23.63%，比上年增长4.01个百分点。网络零售市场规模保持快速增长势头，同比增长 25.35%，是社会消费品零售总额增速的 2.8 倍。网购人群规模同样保持增长趋势。截至 2018 年年底，我国网络购物用户规模达到 6.1 亿人[②]，年增长 14.45%，网民的渗透率达到 73.49%，比上年提高 4.5 个百分点。

2. 网络零售继续拉动消费

网络零售对消费的拉动作用进一步增强。在网络零售总额中，实物商品的网上零售额达到 7 万亿元[③]，增长 25.4%，占网络零售总额的 77.8%，占社会消费品零售总额的比重为 18.38%，比上年提升 3.4 个百分点，对社会消费品零售总额增长的贡献率为 45.2%，比上年提升 7.3 个百分点。网络零售交易服务业营收快速增长，B2C（商业对个人）继续保持领先优势，交易服务营收为 3713 亿元[④]，占比达到 63.94%，C2C（个人对个人）营收 2094 亿元。

① 商务部：去年全国网上零售额突破 9 万亿元　市场规模持续扩大［EB/OL］.（2019-09-21）［2019-10-14］. http://finance.people.com.cn/n1/2019/0221/c1004-30853000.html.（引用时有微调）

② 数据援引自中国互联网信息中心官网，引用时有筛选。

③ 商务部：去年全国网上零售额突破 9 万亿元　市场规模持续扩大［EB/OL］.（2019-09-21）［2019-10-14］. http://finance.people.com.cn/n1/2019/0221/c1004-30853000.html.（引用时有微调）

④ 柯素芳 . 2018 年电子商务服务行业市场现状与发展前景分析　规模继续壮大［EB/OL］.（2019-06-24）［2019-10-14］. https://www.qianzhan.com/analyst/detail/220/190620-738f8976.html.

3. 电商与实体店的融合势如破竹

电子商务虚拟空间与实体店物理空间融为一体，满足消费者各种物质和文化需求，将成为新零售行业发展的新方向。中国传统零售行业和电商零售业快速拥抱，各大巨头纷纷寻找合作伙伴，进行优势互补。尤其是阿里巴巴和腾讯牵头的一系列大手笔合作，引来广泛关注。与阿里巴巴合作的零售企业有银泰、苏宁、盒马鲜生、三江购物、百联集团、联华超市、新华都和高鑫零售等。与腾讯合作的零售企业有京东、唯品会、每日优鲜、永辉超市、万达商业、家乐福中国、海澜之家、步步高等。巨头们的合作涵盖了零售的各种业态，不仅包括百货商店、超市、生鲜店等传统业态，还包括新崛起的无人店等新兴业态。不仅如此，京东和阿里巴巴还宣布整合小卖部、夫妻店等小微零售资源，实现线上和线下资源的融合，如京东宣称五年要开 100 万家京东便利店。

4. 电子商务平台加快与物流、金融等服务领域融合步伐

电子商务平台企业加快与服务企业的横向融合，进而拓展市场，促进交易，提高盈利能力。2017 年 4 月，京东成立物流子集团，在服务自身的同时，实现全面开放，为合作伙伴提供包括仓储、运输、配送、客服、售后等一体化供应链解决方案。顺丰的专线物流将代收款作为创新业务，方便消费者提供货到付款服务。2017 年 9 月，阿里巴巴集团宣布增持菜鸟网络（简称菜鸟）股份，计划打造一个全球性的物流网络，打通仓储、运输、配送多个链条，实现“中国 24 小时、全球 72 小时必达”。京东“白条”在此前应用场景延展的基础上，进一步走出京东，服务于更加广阔的消费金融市场，蚂蚁金服推出“花呗”消费金融服务。

5. 新技术赋能电子商务突破瓶颈

新技术与电子商务的融合，推动了电子商务演进的步伐，解决了电子商

务的痛点和难点问题，加快了整个商业流通效率，提升了消费者体验，驱动电子商务展开新一轮变革。物联网用在电子商务库存管理中，可以准确识别货物全部信息，提高商品营销和物流管理效率。基于物联网，还可以建立产品智能可追溯网络系统，为食品和药品安全提供坚实保障，有效促进电子商务交易额提升。云计算和大数据技术，增强了数据分析和计算能力，方便商家了解市场趋势，对用户画像，让营销更有针对性。智能技术让电子商务流程更简单，利用机器人进行仓储管理，降低人员成本；应用无人机配送货物，提高物流触达半径。多个无人超市目前已经开业。

6. 跨境电商快速成长，政策进一步推动跨境电商发展

2018 年我国跨境电子商务保持快速增长势头。根据海关数据，2018 年我国跨境电商零售进出口额为 1347 亿元[①]，增速高达 49.33%。其中，电商出口额为 561.2 亿元，占比 41.66%，同比增速为 67%；电商进口额为 785.8 亿元，占比 58.34%，增长 39.8%。进出口电商交易额增速差距悬殊，未来电商进出口差额将进一步拉大，也表明国内消费者对国外优质商品需求旺盛，跨境电商促进消费升级。根据艾瑞咨询的数据显示，网购用户未来希望购买的跨境商品品类主要有食品、服装和箱包、化妆品、3C 产品（计算机类、通信类和消费类电子产品）和家电。

从政策层面看，国家继续推动跨境电子商务发展，一方面出台鼓励性政策，另一方面积极采取措施，降低进口关税。2017 年 8 月，《国务院关于进一步扩大和升级信息消费持续释放内需潜力的指导意见》（国发〔2017〕40 号）发布，要求积极稳妥推进跨境电子商务发展。2017 年 11 月，《国务院关税税则委员会关于调整部分消费品进口关税的通知》（税委会〔2017〕25 号）发布，降低了部分消费品进口关税，这一政策对绝大部分跨境电商排名靠前的

① 中商产业研究院：《2019 年中国跨境电商行业市场前景研究报告》发布［EB/OL］.（2019-07-16）［2019-10-14］.http://www.akci.com/news/chanye/20190716/0958131149778.shtml.（引用时有微调）

商品有利。与此同时，跨境电商过渡期监管政策被延长至2018年年底，为跨境电商发展提供了一个稳定的政策环境，也为未来制订更加科学有效的监管政策预留了时间。

7. 微商和小程序崛起，发展势头迅猛

以微商为代表的社交电商快速发展。微商是基于微信等平台的熟人关系的社会化分销活动。相比其他电子商务形式，微商信息传播速度快，可信度更高。微商包括两种模式，一种是基于公众号的商城B2C模式，另一种是基于朋友圈的C2C模式。

微商非常适合推广农产品，一是由于农产品及土特产品标准化、商品化和品牌化程度低，缺乏信任度，而熟人关系一定程度上可以解决信任问题，促进产品销售。二是微商基于社交软件，不需要电商平台高昂的推广成本。三是操作简单，手机上网即可，不需要烦琐的手续和流程。

此外，拼多多、云集微店等新兴社交电商平台异军突起，令人关注。

小程序在新零售领域发挥的作用也越来越大。随着小程序的广泛应用，其线上用户数量快速增长，应用场景快速增加，应用小程序进行网购网销已经成为新零售的重要途径。不到两年，小程序的数量已经超过100万个[①]，用户规模达到2.8亿人，用户已经接受并且逐步习惯使用小程序。相比电子商务平台，小程序在购物使用方面更加方便，在传播方面更能充分发挥微信的社交网络优势快速扩散商品信息，在用户覆盖方面更能包容低线城市和农村地区。当前，小程序已经成为一些电商平台的重要引流方式，根据统计，小程序已经接入了200多种产品类目和数十万商家[②]。2017年“双十一”期间，通

---

① 孙然.微信小程序数量已达100万，C端用户2.8亿，进场资本30亿元［EB/OL］.（2018-06-30）［2019-10-14］.https://new.qq.com/omn/20180630/20180630A1I320.html.（引用时有微调）

② 接招！这是小程序2018年的秘籍［EB/OL］.（2018-04-15）［2019-10-14］.http://www.sohu.com/a/228313595_100084970.（引用时有微调）

过蘑菇街小程序分享带来的成交用户中，超过65%的为新购买用户[①]。资料显示，2018财年微信小程序对蘑菇街总GMV（Gross Merchandise Volume，成交总额）的贡献率达到17.8%[②]。

8. 农村电商继续普及，服务型网络零售前景可期

在政府大力扶持、电子商务平台和电商服务商积极下乡、新农人踊跃创业三股力量的共同推动下，我国农村电子商务取得了明显进展，由引入期进入快速发展初期。农村地区的网络零售规模持续高速增长，2018年全国农村实现网络零售额1.37万亿元[③]，约占全国网络零售总额的1/6。农村电子商务零售规模增势迅猛，年增长30.4%，高出网络零售平均增速5个百分点。

受资源和基础设施的制约，农村电子商务以实物型商品为主，服务型产品为辅。2017年，农村实物型商品网络零售额7826.6亿元[④]，同比增长35.1%，占农村网络零售总额的62.9%。其中，服装鞋包、家装家饰、食品保健位居前三。农村服务型产品网络零售额达到4622亿元，占农村网络零售总额的37.1%。虽然农村服务型产品比实物型商品网络零售低近26个百分点，但是服务型产品网络零售额增速更快，达到46.6%，高于实物型商品11.5个百分点。其中，在线旅游、在线餐饮、生活服务位居前三。

农村网店是支撑农村电子商务快速发展的基础和关键主体。2017年农村网店数量达到985.6万家，同比增长20.7%。农村电子商务带动了农村人口的直接就业，促进了农民工的返乡创业和就业，其中运营、客服、包装等岗位

---

① 2018年微信小程序电商用户规模将增长157%［EB/OL］.（2018-01-09）［2019-10-14］. https://www.sohu.com/a/215660205_100059966.

② 蘑菇街递交赴美上市申请：2018财年营收近10亿元，腾讯为单一大股东［EB/OL］.（2018-11-10）［2019-10-14］.https://baijiahao.baidu.com/s?id=1616713637213229256&wfr=spider&for=pc.

③ 2018年我国农村网络零售额1.37万亿元［EB/OL］.（2019-02-21）［2019-10-14］.http://www.gov.cn/shuju/2019-02/21/content_5367508.htm.（引用时有微调）

④ 商务部就2017年全国农村电商发展情况等答问［EB/OL］.（2018-01-25）［2019-10-14］.http://www.gov.cn/xinwen/2018-01/25/content_5260868.htm.（引用时有微调）

就业人数超过 2800 万人。淘宝村快速发展，带动当地村民致富。9 年时间，淘宝村经历了萌芽、成长、大规模复制等几个阶段。截至 2018 年，全国共有 3002 个[①] 淘宝村 。

9. 电子商务赋能贫困户，减贫脱贫取得实效

电子商务被纳入国家扶贫体系规划，政策积极推动电子商务融入扶贫工作。16 个部委联合发力，2016 年 11 月，《关于促进电商精准扶贫的指导意见》（国开办发〔2016〕40 号）发布，将电商扶贫纳入脱贫攻坚总体部署和工作体系，提出电子商务精准扶贫的目标是到 2020 年在贫困村建设电商扶贫站点 6 万个以上，贫困县农村电商年销售额比 2016 年翻两番以上。电子商务进农村示范文件原先是由商务部和财政部联合发布，而最近两年，发文单位增加了国务院扶贫办，可见政府希望通过发展农村电子商务助力扶贫脱贫工作。电子商务进农村示范项目已经建成 5 万个村级电子商务站点，服务涉及 275 万贫困户。

在政府和平台的积极推动下，电子商务精准扶贫取得了显著成效。电子商务赋能贫困户，土特产品直接对接全球大市场，缩减中间环节，增加信息透明度，减少成本，提高收入。2017 年，全国 832 个国家级贫困县实现网络零售额 1207.9 亿元人民币，同比增长 52.1%，高出农村增速 13 个百分点[②]。在一些贫困县中，还涌现出淘宝村、微商村。而“南砀山北武乡”，则是贫困村利用微商开展电商扶贫、电商脱贫的典型代表。以国家级贫困县河南省光山县为例，创业网店达到 1.5 万家以上，全县的贫困人口中有 678 人获得了相应岗位的工作机会，月收入都达到 2000 元以上。电子商务帮助 1.1 万贫困户销售土特产品，年销售收入提高 2 亿元。

---

① 数据援引自阿里研究院官网，引用时有筛选。

② 商务部就 2017 年全国农村电商发展情况等答问［EB/OL］.（2018-01-25）［2019-10-14］. http://www.gov.cn/xinwen/2018-01/25/content_5260868.htm.

三、电子商务在经济社会生活中的作用

网络零售业自发式崛起，电子商务平台不仅自身快速成长，还成为一种重要的产业形式，引领新经济发展，具有明显的带动和辐射作用。电子商务平台经济越来越深刻地改变人们的工作和生活方式，满足群众多样化需求，助力“大众创业、万众创新”，促进传统产业转型，推动整个经济社会高效健康发展。

1. 引领新经济高速发展

电子商务作为一种平台经济形式，创新了产业模式，形成了新的业态，推动新经济市场边界不断扩大。国家统计局数据显示，2018 年我国电子商务交易额达 31.63 万亿元[①]，相当于国内生产总值的 35.13%。网络零售市场规模继续扩大，交易额为 9.01 万亿元，相当于当年社会消费品零售总额的 18.38%，比上年增长 3.4 个百分点。电子商务还是中国经济发展中最具潜力的新兴产业之一，成为推动经济增长的新动力。2018 年我国电子商务交易额同比增长 8.5%。网络零售市场保持快速增长势头，同比增长 25.4%，对社会消费品零售增长的贡献率达 45.2%。

电子商务还带动相关产业发展。网络零售推动快递业务快速发展，根据国家邮政总局数据，2018 年我国快递业务量达 507. 1 亿件，同比增长 25%。电子商务等平台经济带动 ICT（Information Communications Technology，信息通信技术）产业整体发展，促进软件、硬件及电信服务业的整体提高。中国信息通信研究院发布的数据显示，2018 年，中国手机市场累计出货量为 3.977 亿部，我国累计生产微型计算机 3.07 亿台[②]，移动数据及互联网业务收入达到 6057 亿元，同比增长 10.2 %。移动数据及互联网业务收入在电信业务收入中占比达到 46.6%，比上年提高 3.1 个百分点。

---

① 2018 年中国电子商务交易额 31.63 万亿元　同比增长 8.5% [EB/OL] .（2019-05-29）[2019-10-14] .http://www.chinairn.com/hyzx/20190529/145835342.shtml.（引用时有微调）

② 数据援引自国家统计局官网，引用时有筛选。

2. 满足网民个性化和多样化的需求，促进消费

网络购物已经渗透到人们生活的方方面面，电子商务平台提供的商品和服务更丰富、互动性更强，更能满足网民日益增长的个性化和多样化需求。现代人更加关注自我，因此对个性化的产品和服务需求越来越强烈，平台的海量、一对一的服务特征恰巧满足了这种需要。在电子商务平台上，足不出户就可以“买全球”。

网络购物还能有效促进内需，推动群众积极消费。我国网络零售交易额已经相当于社会消费品零售总额的 19.6%。浙江省金华市网络零售领先于全国其他地区，其网络零售额在社会商品零售总额中所占比重已经超过 50%，意味着该市的网络零售总额已经超过传统零售总额。此外，由于网络零售更加便捷，具有个性化和多样化的特点，能够诱导消费，新增消费。根据麦肯锡发布的关于中国网络零售报告显示，在中国网络零售消费中，61% 属于转移消费，其他 39% 是互联网激发出的新消费需求，是创造出来的消费。国家统计局《2015 中国网购用户调查报告》的数据同样表明，22% 的新增需求因网络购物产生，53.7% 的网购用户增加了消费支出，48.4% 的网购用户将进一步提升网络购物消费支出比重。

此外，互联网平台在我国餐饮、金融、教育、医疗、交通等领域的应用也在逐步广泛深入，线上线下融合，促进社会公共服务手段的网络化、平台化，提升了用户体验，改善了消费质量。在线打车、在线旅游、在线转账、网络社交、在线授课、网上报名、微信挂号、手机订餐等已经与百姓生活息息相关，成为生活模式和社会结构变革的重要推动力。

3. 促进中小企业创新

伴随着电子商务平台经济的成长，平台在促进中小企业创新中发挥的作用越来越明显。平台帮助中小企业直接对接全球市场，缩短流通渠道和流通时间，提高资本流通效率，降低成本，扩大市场，提高利润率，增加

收入。互联网平台推动信息共享，使得中小企业快速掌握市场信息，处在公平的竞争舞台上，一定程度上规避了信息不对称带来的市场风险。经过天猫平台孕育的淘品牌企业已经有逾 50 个意欲启动 IPO（Initial Public Offerings，首次公开募股）上市计划，这些商家完全是借助平台的力量产生和成长起来的。

（1）推动中小企业市场创新

平台具有无时空特性，能够扩大市场空间范围，让中小企业直接对接全国乃至全球的大市场。中小企业的市场空间被零成本无限放大，突破了传统的地理空间限制。中小企业可以在更广阔的范围内进行市场定位、商品交换、劳务交换和资源配置。在更广阔的市场空间里，中小企业可以找到更大、更稳定的市场需求，从而扩大产品销售量，降低狭小市场空间带来的风险。中小企业可以重新进行市场定位，自主选择有利的市场空间。企业还可以在全球范围内配置优质资源，实现成本最低、效率最高。

案例：贵州马桶盖借互联网畅销欧美

在亚马逊上，产自中国贵州的思特马桶盖售价可以达到 35 美元到 70 美元（约 230 ~ 460 元人民币），远销意、德、美、英、法等国，每月销量达到上万套。贵州思特马桶盖由原生态的竹子和稻草秸秆加工而成，材料绿色环保。马桶盖突破原有一成不变的白色，图案设计富有个性，花色超过 5000 种，而且还融入浮雕、3D（三维）图画等多种元素。此外，企业还创新推出子母款马桶盖，大圈和小圈可以分别供成人和儿童使用，既实用又卫生。思特马桶盖虽然产自贵州，但是电子商务平台架起了跨国销售的桥梁，对接了全球大市场，使思特马桶盖在欧美受到热烈欢迎。

（2）推动中小企业渠道创新

渠道是企业将产品或服务送到消费者手中的通路。在市场竞争日趋激烈的今天，产品同质化严重，传统渠道中间环节多、成本高。只有渠道创新，才能为产品和竞争赢得差异化优势。我国已经进入互联网时代，网民渗透率已经达到57.7%[①]，而且网民是购买力极强的一个群体。因此，渠道的网络化创新是中小企业的必由之路。

基于现有的综合性电商平台，中小企业可以不用投入建设平台，低门槛进入互联网营销渠道。此外，电子商务平台除了提供完善的信息和交易服务，有的还提供金融、物流和信用等支撑服务。电子商务平台具有即时性和互动性的特点，可以帮助中小企业加强与用户的沟通交流，提高用户满意度。互联网渠道还推动信息透明和共享，规避了信息不对称带来的市场风险。此外，电子商务平台还提供信用、用户评价等服务，帮助建立公平交易的生态环境，保障营销高效安全。

（3）推动中小企业产品创新

平台上的大数据推动中小企业进行产品创新和供给侧改革。当前，消费需求呈现个性化、多样化、高端化趋势。消费者这些动态的、碎片化的需求很难被中小企业所掌握。党的十九大报告明确指出，当前的主要矛盾是“人民日益增长的美好生活需要和不平衡不充分的发展之间的矛盾”。而中小企业如果固守原有的“生产性思维”，一定会导致库存积压，使企业无法正常经营。而平台汇聚了海量用户信息，经过大数据统计分析可以清晰描绘消费者偏好，为消费者画像，清楚知道用户是谁、用户在哪里、需求是什么、如何满足用户需求，从而帮助中小企业制订精准的产品决策和促销策略。中小企业通过需求数据拉动，开发出有针对性的产品，满足市场需求，或激发潜在市场的需求，从而实现价值，获得高额利润。

案例：三只松鼠

三只松鼠是2012年成立的企业，定位于坚果类市场。最开始，三只松鼠选择开心果为主打产品，但是经过电子商务平台的大数据统计分析发现，开

① 数据援引自中国互联网信息中心官网，引用时有筛选。

心果市场已经处于成熟期，增长缓慢，而碧根果却处在产品生命周期的快速成长期，是当前的蓝海市场，具有重大的发展潜力。于是，三只松鼠将主打产品改变为碧根果。产品策略改变以后，三只松鼠的市场取得了快速增长。2014 年“双十一”当天，三只松鼠销售额达 1.02 亿元[①]，一跃成为行业龙头。

三只松鼠还从用户购买后的评论中挖掘用户需求，提高用户满意度。通过评论分析发现，用户有三类不喜欢：不喜欢外壳难剥，不喜欢吃完手脏，不喜欢吃完垃圾没处放。于是三只松鼠改变产品包装策略，在包装袋里放上开口工具、湿纸巾、果壳袋。这一微小的改变，直击用户的痛点，让用户感觉亲切、周到，有效提升了用户满意度和回购率。

4. 促进创业和灵活就业

由于电子商务具有互联性、无时空限制性、互动性和即时性特征，人们之间的沟通不需要面对面，通过互联网就可以实时完成。再加上视频、语音等多媒体技术的发展，沟通更加便捷，效率更高，一些人在家就可以办公。平台推动了新业态的形成，变革了组织形态，创新了创业和就业方式。电子商务平台具有开放的特征，鼓励各垂直领域的能人借助平台提供的基础设施，直接服务终端用户，形成一个又一个全新的服务市场。

电子商务平台降低了创业门槛，拓展了创业方式。平台连接了人才的供需双方，降低了创业和就业的门槛，也催生了一批自由职业者。在电子商务平台上开店可以足不出户地在家经营，变革了创业就业方式，提高了创业者的收入和幸福感。平台带动卖家创业，还带动电子商务配套服务业的产生，同时推动物流行业扩大发展，推动衍生的生产制造行业继续繁荣，从而带动这几个领域的就业。据测算，仅阿里巴巴零售电商平台已创造包括淘宝店主、

① 一年就成为坚果第一，三只松鼠的爆品秘籍？［EB/OL］.（2014-12-19）［2019-10-14］.http://www.cyzone.cn/article/118098.html.（引用时有微调）

快递、电商服务业及上下游产业链，共提供3083万个[①]就业机会，其中还不包括农村淘宝服务站1.4万个网点带来的创业和就业数字。调查显示[②]，在滴滴打车出行（简称滴滴）平台上，有2108万人通过分享获得了收入，在淘宝平台有16万残疾人通过开网店创业，2017年销售额达到124亿元（见表1–1）。

表1–1　　电子商务平台促进就业

平台种类	带动直接就业的岗位	带动间接就业的岗位
电子商务平台	网商、代理商、客户服务、代购、淘女郎、网店装修师、网店代运营等	包装、快递、生产加工
O2O（线上到线下）平台	服务提供者（保洁、洗衣、做饭、餐饮等）	快递、试睡师、服务企业其他雇员

案例：曹县农民创业，通过互联网开拓演出服市场

山东省曹县是国家级贫困县，县里的年轻人通常去外地打工谋生。曹县的大集镇最早并无演出服产业，2009年伴随着第一家网商的诞生，越来越多的农户开始尝试通过网络创业，从事演出服装的生产和线上经销。2013年，曹县大集镇线上经销演出服装营收2亿元，2014年销售额超过了5亿元，而2015年，仅“六一”期间单日峰值达8万单，单日销售额达到5亿元。截至发稿前，大集镇工商注册的服饰企业达208家，2600家农户开网店，就业人员达到4.4万人。演出服的生产和销售还带动了产业链的延伸和完善，目前大集镇已经入驻了18家物流快递企业，摄影、布料、辅料等配套企业也应运而生。最新统计，大集镇已经拥有17个淘宝村，成了名副其实的淘宝镇。

① 郝凤茹．产业革命与众生的“饭碗”［EB/OL］．（2017–08–23）［2019–10–14］.http://www.sohu.com/a/166650566–398293.（引用时有微调）

② 数据援引自中国信息化百人会网站，引用时有筛选。

案例：京东众包，全民参与快递

2015 年 5 月初，京东物流平台——京东众包上线。京东众包利用社会化运力实现商品的快速送达，是一种全新的、社会化的全民快递服务。只要年满 18 周岁、拥有智能手机和 3G 网络的个人，就可申请加入京东快递，经培训合格后，即可接单，正式成为京东的兼职配送员。不足半年，京东众包的兼职配送员数量已超过 10 万人。京东众包平台充分利用社会运力资源，旨在打通“最后一公里”，不仅保证快递及时送达，还有效地促进就业，提高居民收入。

5. 推动产业结构调整和经济发展方式转变

传统经济由于信息不透明、冗长的价值链结构、垂直组织体系和市场机制，已经不再适应新的生产力发展需要。电子商务正在逐步渗透到传统领域，对驱动传统经济领域重构经济运行模式、提高资源配置效率发挥了重要作用。电子商务平台方便企业整合资源，重新构建高效的价值网络，向智慧型企业迈进。传统产业的价值链通常是上下游的线性链条，价值链长且效率低，合作伙伴可选择性小并且合作成本高。平台的介入，打破了传统产业合作的线性链条关系，形成以企业为中心的价值网络，提升效率，降低成本。在电子商务平台上，各种资源可以无障碍沟通，自由对接，为快速配置资源提供便利。依托平台，企业不仅可以优选合作伙伴，还可以分别与上下游、用户、服务商、员工建立即时互动的合作关系，共享信息，随时根据用户的需求整合资源，建立虚拟组织，快速反应，进行敏捷制造，实现共赢。

电子商务有助于传统企业转型，提高核心竞争力。平台使得信息搜集、决策和快速反应成为可能。在信息获取能力上，企业主体能够实时捕获市场信息变化，因而能做出迅速灵敏的反应，改变经营策略，适应市场需求。在组织结构上，企业的组织结构以用户需求为导向，依靠信息管理系统链接，更加扁平化，更贴近用户，应变能力更强，从而提高企业效益。在商业模式上，企业从商品销售转为服务用户需求，平台打通了企业生产、流通和管理等各个环节，所有主体都有针对性地围绕市场需求运转，推动制造业的服务化转型。

案例：淘工厂推动中小企业数字化转型

2013 年 12 月，阿里巴巴 1688 事业部旗下淘工厂平台上线。淘工厂是一个开放平台，连接了淘宝卖家和加工企业。在淘工厂平台上，卖家可以找到合适的优秀加工企业，有生产能力的中小生产企业又可以通过淘宝卖家找到订单，释放生产能力。

在消费升级的大背景下，消费者的需求呈现个性化和多样化的特征，淘宝卖家只有更接近消费者的需求，及时把握需求变化，通过构造柔性产业链，与多个优质生产企业建立紧密合作关系，才能保证及时向市场提供物美价廉的商品，解决生产环节中的小批量、多品种、高品质的难题。

2017 年阿里巴巴零售电商平台汇聚 1.5 万家[①] 淘工厂。通过与淘宝卖家的合作，广大中小企业不仅低成本获得了订单，而且有利于中小企业逐步学习，尝试互联网转型，稳步建设适合互联网时代的供应链。

淘工厂平台不仅为卖家和加工企业提供了对接服务，还提供注册审核、信用、资金、担保等支撑服务，制定严格的交易规则，确保交易安全。

6. 电子商务促进精准扶贫

电子商务赋能草根创业，同样能够赋能贫困户脱贫致富，电子商务对减少贫困发挥了重要作用。贫困地区通常地处偏远地区，交通不便，资源匮乏，经济基础薄弱，而电子商务平台能够直接将贫困地区与全国大市场连接起来，弥补信息鸿沟，将地方优势产品和土特产品直接销往更多大市场。阿里研究院发布的《中国淘宝村研究报告》显示，2017 年在国家级贫

① 1.5 万家服装厂因“共享工厂”将彻底翻身［EB/OL］.（2017-08-15）［2019-10-15］.www. sohu. com/a/164753272_471161.（引用时有微调）

困县有 33 个淘宝村，省级贫困县有近 400 个淘宝村。阿里巴巴还将脱贫工作作为战略性业务，计划在未来 5 年投入 100 亿元到扶贫工作中。京东同样重视扶贫工作，从 2016 年开始，京东就全面推进落实电商精准扶贫工作，通过品牌品质、自营直采、地方特产、众筹扶贫等模式，在 832 个国家级贫困县扩展合作商家超过 6000 家[①]，上线贫困地区商品超过 300 万个，实现扶贫农产品销售额超过 200 亿元。苏宁计划在 2018 年在 100 个贫困县建立电商扶贫实训店，并将成立专项扶贫基金，全面保障实训店等精准扶贫项目的规模化落地、效益化发展，真正让智慧零售扎根贫困地区。

四、我国电子商务发展历程

纵观我国电子商务发展历史，已有 20 余年时间。总体上讲，我国电子商务处于快速发展的过程中，但是受外界环境影响，中间也出现过小的寒冬，局部细分市场也出现过大的萎缩。在探索与调整的过程中，我国电子商务处于螺旋上升的状态之中。细数这 20 年，大致可以分为以下几个阶段。

1.引入期（1997—1999 年）

我国第一批电子商务网站的创办始于 1997 年电子商务全新概念的引入。在敢吃螃蟹者的大力宣传下，电子商务的优势和美好前景鼓舞了一批创业者，他们预见到传统贸易会借助互联网取得颠覆性变革，前景不可估量。于是，从 1997 年到 1999 年，美商网、8848、阿里巴巴、易趣、当当等知名电子商务网站先后涌现。

这个阶段还处于概念引入期。本阶段的特点是网民渗透率低、互联网

① 阿里京东扶贫“竞争”：阿里 5 年投 100 亿元　刘强东当村长［EB/OL］.（2017-12-01）［2019-10-15］. http://tech.sina.com.cn/i/2017-12-01/doc-ifypikwt1339664.shtml.

应用匮乏、网民体验差，还只是处于想象阶段，真正的互联网应用市场雏形还没有形成。中国的网民总量仍然较少。根据2000年年中CNNIC（China Internet Network Information Center，中国互联网信息中心）的统计数据，当时中国网民只有1000万。此时，网民主要使用拨号方式上网，操作烦琐、网速慢，而且上网费用高，网络服务内容匮乏，网民的网络生活方式还仅仅局限于电子邮件、网页浏览和论坛。

1999年7月12日，中华网率先在纳斯达克上市，这是在美国纳斯达克上市的第一家中国网络概念股，也是中国第一家上市的互联网公司。中华网的上市让很多人看到了互联网的魅力和巨大的财富效应。中华网的上市刺激了互联网领域的创业，也为中国互联网带来了短暂的繁荣，中国互联网迎来了一段疯狂发展期。

这一时期，明星电子商务平台企业自然是8848。8848上线不到3个月，网站上拥有的可销售商品总数就增长了2倍，超过1.5万种。到1999年年底，8848开通送货业务的城市达到450个，支持货到付款的城市达到25个。2000年初，8848一个月的销售额已经突破千万元大关，销售的商品也扩大到16大类、数万种。

为了推广电子商务概念，业界和媒体做了很多尝试。其中有轰动全国的“72小时生存试验”，有“E国一小时”服务，有当当的周年庆典促销。这些活动不仅吸引了公众，促进了网络订单增长，还向公众普及了网络购物应用。

2. 鸿沟期（2000—2002年）

2001年到2003年是互联网诞生以来的首个泡沫期。受纳斯达克网络泡沫破裂的影响，人们的心理预期从笃信到怀疑，甚至是极其悲观。风险投资处于观望状态，而大多数网站还处在非盈利状态，资金链的断裂加速了一批网站的消亡。这一时期，电子商务迎来短暂爆发之后的衰退，表现为纳斯达克网络股票价格一泻千里，网络概念股灾席卷全球，电子商务网站出现倒闭潮。

2000年，中国做电子商务的网站有上千家，大部分没有真正的商业模式和盈利能力，多半属于概念炒作或者观望状态，完全依赖外来风险投资度日。一段时间过去以后，人们对互联网失去了耐心，加上媒体的悲观论调，绝大多数人对互联网的期望从波峰跌到波谷。针对互联网的投资骤然减少，导致一些公司无以为继，相继倒闭。根据 CNNIC 数据，我国网站数目从 2000 年 7 月的 27289 个飞涨到 2001 年 1 月的 265405 个，半年里增长了 872%。随后，电子商务系统发生小规模崩溃，网站数量降到 2001 年 7 月的 242739 个，降幅达到 8.54%，网站数量有史以来第一次出现负增长。到 2002 年 1 月，网站数量缓慢恢复，达到 277110 个（见图 1–1）。

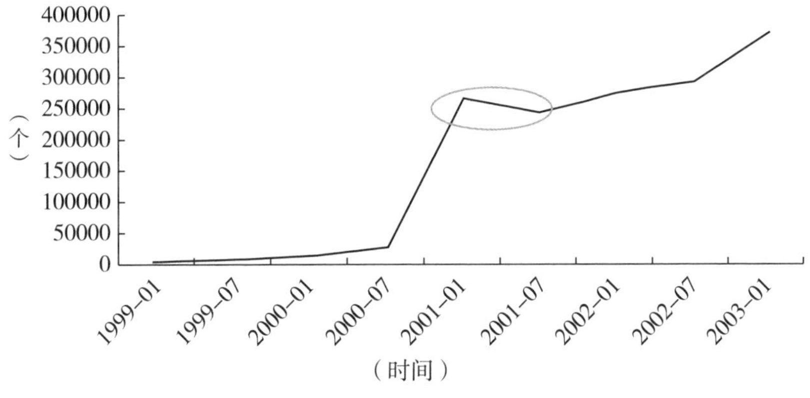

图 1–1　中国网站数量发展趋势

3. 成长初期（2003—2007 年）

互联网泡沫让电子商务企业从炒概念走向务实。企业开始认真思考电子商务的本质，分析消费者的需求，踏踏实实做企业、做服务、做生态。

2003 年初春，一场非典，让电子商务的概念深入老百姓的日常生活之中，中国电子商务由于这次偶然事件，得到了快速发展。为了防范非典，很多年轻人尝试网络购物这种新鲜事物。网络购物网站迎来大规模的用户和订单，一些网站的交易额直线上升。2003 年 3 月，易趣网日均交易额为 170 万元，4 月为 230 万元，5 月为 250 万元。3 月易趣网活跃的日均购买者达 3 万人，4 月就达到 4 万人。上海一些 B2C 网站 2003 年 4 月的数据足以说明这种快速增长：“联华 OK”网站订单量一周的增长速度为 120%，华联超市“5828”电话购物每天增长 100 多笔，“易购 365”电子商务销售额月度增长 70%。

短时间内，我国网络购物市场再度崛起。值得一提的是国际电子商务平台巨头 eBay（易贝）进军中国，并于 2003 年以 1.8 亿美元收购国内最大的 C2C 电子商务网站易趣网，通过中西结合的方式发展市场，一举占据了中国 80% 的 C2C 市场份额。而此时，马云和刘强东都预见了网络购物的广阔发展前途，在中国电子商务发展史上比较重要的两家网络零售公司诞生了，即淘宝和京东。面对 eBay 易趣这个强大对手，淘宝提出免费战略，免除了商家的开店费、交易费。2003 年底，淘宝在半年时间里一共吸收了大约 30 万注册会员，其中还包含了一部分从 eBay 易趣搬家过来的会员。

这期间，互联网基础设施也得到了进一步完善，宽带接入用户数持续增长，远远超过拨号上网用户的增长速度，并且手机初步实现了上网功能。网民再次出现爆发式增长，互联网普及率超过亚洲平均水平。2007 年，中国大陆网民数量度增长速度超过上年 50%，并且网民呈现向农村和低龄人口扩散的趋势。

非典过后，网络购物迎来快速发展期，尤其是 C2C 市场呈现爆发式增长。2007 年中国 C2C 交易额为 581 亿元，同比大增 152.6%。分析快速增长原因，有以下几点。其一，B2C 加速向综合性大平台扩张。一方面增加产品大类，呈现多样化发展趋势，以卓越网为例，从最初“精选产品、减少品种”转型到“大而精”；另一方面 B2C 平台加入 C2C 服务，2005 年 10 月，当当宣布一期投资 4 亿元，进军 C2C 市场。其二，中小企业加入 C2C 平台，拓展网络营销渠道，增进平台交易的活跃度。据统计，在淘宝卖家中，70% 以上并非个人商户而是中小企业客户。其三，垂直类 B2C 网站发展也非常迅速，如销售钻石的九钻网，销售服装的 PPG（批批吉），销售高尔夫系列产品的佰嘉通网络商城，销售手机的北斗网，等等。其四，资本推波助澜，纷纷在网络销售市场发力。2007 年中国电子商务行业总投资金额超过 1 亿美元，投资案例数量创历史新高，达到 15 个，这其中还不包括腾讯和百度分别投资的拍拍网和“有啊”。其五，网络购物人群飞速增长，2005 年 C2C 电子商务用户数达到 2245 万，年均复合增长率高达 73.1%。其六，支付和物流配套服务逐步完善，信用体系建设开始启动。淘宝推出的“先行赔付”计划，解决了消费者购物的后顾之忧。

4. 调整期（2008—2009 年）

2008 年，在国际“金融危机”的背景下，全球经济陷入萧条，各国银行不得不缩紧银根。我国的制造业也受到影响，传统中小企业订单量急剧减少，并且出现倒闭现象。幸运的是，中国电子商务成功地利用“金融危机”带来的种种机会，多角度突围，发展势头比以往更加强劲。2009 年 4 月，国务院发布的《电子信息产业调整和振兴规划》，促进了电子商务的应用。各地方政府也纷纷出台电子商务利好政策，通过切实的财政扶持等手段，普及中小企业电子商务的应用，帮助企业拓展网络渠道，走出困境。一些中小制造企业开始转型，从外贸转向网络内销，从外贸 B2B 转向内贸 B2C。金融危机虽然制约了 B2B 模式的发展，但是却推动了网络零售的持续繁荣。

从总体来看，中国的电子商务成功地抵御了金融危机的不利影响，在平稳“过冬”的基础上，增加投入、细化服务、开拓营销模式，通过创新，取得了一个又一个来之不易的硕果。一是电子商务年度交易额连续突破新高，中国网络购物市场在金融海啸中乘风破浪，爆发式增长，2008 全年交易额突破千亿元，网络购物占社会消费品零售总额的比重也首次突破 1%，2009 年仅服装 B2C 交易额就达到 24 亿元；二是基础设施、电子支付等电子商务环境逐步改善；三是中小企业信息化稳步推进；四是农村信息化进程加快；五是电子商务服务市场在创新中发展；六是移动商务布局初见成效；七是新技术不断推动电子商务模式和应用创新；八是网购用户数继续增长，2008 年达到 1.2 亿人，同比大增 185%；九是网商群体的崛起，网络免费开店的低门槛吸引了一批年轻人创业，2008 年，在淘宝上开店的网商数达到 57 万个。

5. 恢复期（2010—2012 年）

2010 年至 2012 年，电子商务迎来了复苏成长期。这三年，网络购物市场快速增长，2010 年交易额达到 5131 亿元，年增长 105.2%，实现翻番；这三年，电子商务逐步改变了一部分普通消费者的购物习惯，推动了消费升级，网络购物交易额占社会商品零售总额的比例也大幅度提升，到 2012 年，网络购物交易额已经相当于社会消费品零售总额的 6.28%，网商群体爆发式增长，网货不断繁荣，网规逐步完善；这三年，电子商务产业从商业模式探索走向了脚踏实地服务，不仅传统企业借力电子商务实现了扩大营销和提高生产效率，还涌现出一大批具有影响力的电子商务服务企业，如阿里巴巴、慧聪网、当当、麦网等；这三年，电子商务配套产业链逐步完善，物流和支付行业快速发展，有效缓解了制约我国电子商务发展的瓶颈；这三年，云计算、物联网、移动商务、智能商务不断取得突破，给未来的发展带来曙光；这三年，电子商务生态环境逐步改善，政策暖风频吹，规范性法律法规陆续出台，企业和个人对电子商务的认知度、认同感和依赖度逐步提高，网络平台规范逐步完善。

2011 年还是“十二五”开局之年，国家已明确将电子商务列为国家战略性新兴产业的重要组成部分。在政策不断利好的环境里，电子商务自身开始不断完善，蓄势待发。

2012 年，网络购物市场既保持快速增长，又在一些新领域实现了创新。网络购物全年高速增长，交易规模超过 1.3 万亿元。O2O 模式和跨境电商开始引入。团购市场爆发，截至 2010 年年底，国内团购网站数量有 2612 家，团购销售额达到 25 亿元。农产品电子商务成为热点，截至 2012 年年底，淘宝（含天猫）经营农产品的网店数达到 26.06 万个，全年农产品交易额约 200 亿元。农村电子商务燃起星星之火，2011 年 9 月，乡镇两级在淘宝和天猫（原淘宝商城）平台开店的农村网商约有 50 万户。电子商务服务业逐步发展壮大，全年电子商务服务业营收规模达到 2463 亿元，增长 72%。移动电子商务开始起步，4G 在 2011 年迎来部署高潮，2012 年已经有 2/3 的网民使用手机上网，为未来的移动电子商务发展奠定了重要的用户基础，2012 年移动市场交易规模达到 965 亿元，同比大增 135%。

6. 快速成长期（2013 年至今）

2013 年以来，在政策频繁利好的驱动下，大数据等现代信息技术与电子商务更紧密地融合，我国网络零售市场进入快速成长期。网络零售交易额持续高速增长，传统企业加速与互联网融合，跨境电子商务破冰，移动购物和支付成为主流，O2O 模式方便了百姓日常生活，微商异军突起，农村和县域电子商务成为热点。电子商务园区建设进入高潮，发展环境不断优化。电子商务在经济社会发挥越来越重要的作用，迎来发展的黄金期。

第二章

竞争手段

中国网络零售的发展史，可以看作是网络零售平台的竞争史。在网络零售发展的约 20 年间，政府对新业态提供了相对宽松的政策环境，因此市场化的自组织成为竞争的主基调。电子商务平台竞争目的非常简单，在市场引入期为了生存而竞争，在市场成长期为了争夺市场优势地位而竞争，在市场成熟期为了构建更稳健的商业生态系统而竞争。网络零售平台的竞争手段可谓五花八门，小到精心打造交易的产品和服务策略，大到构造整个商业生态系统。

一、人才战

在电子商务发展的历程中，人才既是平台企业取得竞争优势的战略资源，也是最核心的生产力。与此同时，人才也一直是制约全行业快速发展的瓶颈问题。电子商务是一种全新的业态，与传统商业业务运作有本质的差别。

在网络零售发展初期，所有从业者都是探索者，探索网络交易的流程、每个环节的解决方案和落地的实施方案，这个过程是人才自我培养和涌现的过程。

随着网络零售的爆发式成长，资本快速注入，平台规模急剧扩张，平台比拼的是规模和速度，人才成为重要资源，对人才的渴望更成为平台企业快速成长的关键动力。哪个平台企业能吸引人才、留住人才，哪个平台企业就能保持优势。2007 年，电子商务人才需求从年初的 27960 个职位跃升到了年中的45128个[①]，增加了60%。京东为了支撑多元化扩张和增速，曾设置了17个VP（副总裁）[②]。

2015年7月，《国务院关于积极推进“互联网+”行动的指导意见》（国发〔2015〕40号）发布，更是掀起了传统企业的互联网转型升级之路。转型的前提是科学的规划和可行的落实，这一切都需要既懂传统领域又懂互联网的人才，对人才的渴望更是达到了空前迫切的程度。《2017年度中国电子商务人才状况调查报告》显示，在企业未来一年的招聘需求上，57%的企业有大规模招聘计划，另外有37%的企业人才招聘需求有小幅增长。在各大媒体的分类广告上，常常会发现“急聘淘宝客服、美工、网站维护数名”“诚招电子商务专员”等招聘信息。综合性运营人才更是一将难求，甚至百万年薪也很难寻觅到合适的网络零售总监[③]。

网络零售的迅猛发展，引发了全社会对电子商务人才的大量需求，推动了电子商务人才培训市场的发展。根据《中国信息化发展报告（2006）》，在职业教育领域，全国有计算机信息技术类职业学校1400所，近5000所职业技术学校开设了信息技术类专业，在职业学校学习信息技术类专业的学生达到150万人。虽然学校培训出来的电子商务人才数量日益增多，然而问题是，学校教出来的学生实践操作能力弱，不能满足平台企业马上投入应用的需求，导致人才市场出现大量电子商务专业的毕业生找不到工作，而平台企业又找不到合适人才的矛盾。

在人才供求矛盾的背景下，网络零售业人才成为平台企业竞争中不可或缺的资源，也是争夺的重要标的物。这其中，既有人才主动跳槽，也有平台之间互挖墙脚。

---

① 电子商务人才缺口大 创新培养方式成关键［EB/OL］.（2007-08-17）［2019-10-15］. http://tech.sina.com.cn/it/2007-08-17/23231684106.shtml.

② 电商人才挖角战［EB/OL］.（2011-03-04）［2019-10-15］.https://www.cyzone.cn/article/64761.html.（引用时有微调）

③ “新零售”发力 人才争夺战打响［EB/OL］.（2017-12-16）［2019-10-15］. http://news.timedg.com/2017-12/26/20637724.shtml.（引用时有微调）

案例：团购网站集体“跳槽”

2011 年是团购网站爆发式发展的高峰期，也是资本投资的风口。为了疯狂扩张，取得市场优势地位，团购网站需要大量的人才。为了在短时间内满足大量人才的需求，团购网站给出高薪和股权等诱惑，使用各种方法搜罗人才。从成熟的平台企业挖人才成为不少企业走捷径的惯用手法。其中拉手网 300 员工集体“团跳”[①] 的事件在业内影响最大。2011 年 5 月，团购网站拉手网在重庆、南京、杭州、苏州等大城市的大区经理及核心骨干 300 多人集体辞职，跳槽到另一家团购网站——窝窝团。

在招聘渠道无法满足平台需要时，平台企业不得不投资建设人才培养机构。阿里巴巴自建阿里学院，并与浙大等高校合作共享资源，推出集培训、考试、认证于一体的电子商务人才培养和能力认证体系。阿里学院的毕业生不仅可在网络平台就业，还可以在平台开网店创业，推动网商群体的增长。

二、渠道战

20 世纪 60 年代，麦卡锡提出影响广泛的市场营销 4Ps 组合策略，即产品策略、价格策略、渠道策略和促销策略。4Ps 使人们从较为繁杂的营销变数中找到了最为重要的因素，第一次提出“渠道”的概念。4Ps 理论在我国传统企业的市场营销实践尤其是渠道建设实践中发挥重要作用，拓展了企业的市场营销范围，促进了产品销售。互联网在传统企业转型过程中也一定程度上发挥了渠道的作用。

而在网络营销领域，渠道建设依然重要。中国地域广阔，要想取得全

① 团购网站跳槽成风　拉手网 300 员工集体“团跳”［EB/OL］.（2011-05-25）［2019-10-15］. http://it.sohu.com/20110525/n308507162.shtml.

国市场的优势，网络零售企业必须建立起广泛的营销渠道，落实发展战略，通过高效快捷的服务网络，促进流量增长和交易提升。如快递企业在全国各地的布局，如品牌商在各地开设的产品体验和服务中心。开放性的网络零售平台企业本身构建的是一个由多主体构成的商业生态系统，平台本身是个“轻公司”，产品销售、支付、物流等都由专业的公司负责，平台更多地负责平台的建设和管理。但是，在发展农村网络销售和购物时，渠道建设却必不可少。

网络购物占领一线、二线城市以后，迅速向三线、四线城市及其他地区扩张。中小城市人口的购物市场更加广阔。各级城市地区占领之后，最后一片蓝海就是广阔的农村地区。我国农村地区有丰富的人口资源，但是购物条件极其不便，不仅商品品种少，而且质量也无法保证。网络零售将带给农村人口更多物美价廉的商品，与此同时，农民又是商品的生产者，拥有丰富的农产品和土特产品，将这些商品整合，上线销售，又可以促进网商队伍的扩大，丰富平台上的商品品种。农产品进城和工业品下乡都成为平台争夺的主战场。在政策层面，各项利好政策频繁出台，基础设施建设逐步完善。农村电子商务迎来最适宜的发展期，电子商务平台运营商加速布局，抢占农村市场。

各家电子商务平台都制定了农村电子商务发展的顶层战略。2014 年起，阿里巴巴启动“千县万村”计划，京东发布“星火燎原”计划，苏宁规划“乡村易购”行动，邮政制订“邮掌柜”计划，联想出台“云农场”方案。进入农村电子商务市场的还有涉农上市企业，地方性农村电子商务平台和银行系列的电商平台。

平台企业在流量上也向农村电子商务倾斜。为了支撑农村电子商务发展战略，十几家电子商务平台分别开通电子商务扶贫频道或者地方特色馆，并通过各种商业和公益活动，促进各地土特产品的销售。京东开展扶贫的“跑步鸡”项目；聚划算开展“栖霞苹果定制暨果树认养”等一系列农产品团购活动；蚂蚁金服推出“扶贫 100”综合保障计划；一亩田的预售模式帮助农民提前获得了运营资金和市场需求信息；工商银行的“融 e 购”平台针对贫困县的土特产进行重点宣传；等等。

渠道下沉，建立村级实体运营中心和合伙人制度。由于大多数农村地区的村民电子商务应用观念和能力落后，建立实体电子商务服务网点有助于落实农村电子商务发展战略，培育市场，促进交易。阿里巴巴在近 500 个县，建立了 2.8 万个村级服务网点，农村淘宝有近 1000 个专属员工，2.8 万名合作的“村小二”。京东在 1700 余个县建立了县级服务中心和帮扶店，培育了 30 万名乡村推广员，覆盖 44 万个行政村。苏宁在 1000 多个县建设了 40 万个电子商务村级服务点。“村淘”也在 750 个县建立了 8 万个村镇体验店。中国邮政的村邮平台覆盖了近 20 万个村。

案例：阿里巴巴农村“合伙人”计划

2014 年 10 月，阿里巴巴集团宣布启动“千县万村计划”，在三年至五年内投资 100 亿元，与各地政府深度合作，以电子商务平台为基础，建立 1000 个县级服务中心和 10 万个村级服务站。每个村级服务站招募当地农民成为农村淘宝合伙人，即“村小二”，铺开服务网络，突破物流、信息流的瓶颈，解决农村买难、卖难等问题。

阿里巴巴为“村小二”提供的一系列支持，包括：

● 硬件：为村级服务站提供电视、电脑，店面的设计及安装，装修补贴。

● 培训：电商运营相关内容。

● 物流：菜鸟全程跟进，整合县村两级物流，实现物流进村。

● 授信：提供 1 万元蚂蚁花呗授信启动资金。

● 奖励：对于优秀的“村小二”，提供服务站经营场所和宽带支持。

“村小二”为村民提供的服务包括：

● 代购：村民要在淘宝上购物，只需让“村小二”帮忙下单，收货之后再付款，如需退换货也交给“村小二”代办。

- 代销：村民如要在网上销售产品，由“村小二”帮助完成产品拍照，网店上架等程序。
- 代发物流：产品售出后，村民打包，由村级服务站代发物流。
- 其他服务：充值、缴费等。

“村小二”的收入主要来源包括：

- 代购佣金：佣金来自卖家，从百分之零点几到百分之几。
- 运费差：代发快递的运费差价。
- 代销佣金：代销农产品的佣金。

2017 年 12 月，阿里巴巴公布的数据称，全国淘宝村数量 5 年内从 20 个激增至 2100 余个[①]，淘宝村的活跃网店超过 49 万个。淘宝村平均每新增 1 个活跃网店，可创造约 2.8 个直接就业机会，按此估计，可带动超过 130 万个直接就业机会。农村淘宝服务站从零增长到近 3 万个。

三、价格战

价格战是通过降低价格开展的市场竞争行为，目的是打压竞争对手，吸引更多的用户，扩大交易额，占领更多的市场份额。价格战是平台企业间竞争的有效手段之一。在网络购物市场的引入期和成长期，消费者和商家的价格敏感度都非常高。消费者和商家的价格敏感的标的物不同，消费者对商家出售的商品的价格和促销力度敏感，商家对平台的服务和增值服务的价格敏感。平台的价格战也包括两类，针对消费者的商品价格战和针对商家的服务价格战，当初淘宝就是通过免费战略一举战胜 eBay 易趣而后来者居上获得龙头位置的。而平台针对商家的价格策略更加隐性，比较难观测到。目前，公众更加关注针对消费者的商品价格战，这也与消费者的

---

① 阿里研究院：《中国淘宝村研究报告》（摘要）[EB/OL].（2017-12-07）[2019-10-15]. http://www.100ec.cn/detail--6427603.html.（引用时有微调）

利益息息相关。

网络零售发展的约20年间，价格战一直绵绵不绝，是平台竞争的主要手段。

案例：当当成长初期，成功运用价格战

20年前，读书还是人们主要的学习和娱乐方式。当当成立之初，主营图书和音像制品，为了打开市场局面，当当成功地运用了价格战。2000年11月，当当周年店庆，开展了图书大酬宾活动，当当图书优惠折扣之大，被媒体形容为“价格之低空前绝后”。当当的图书促销活动在网民中引起巨大反响，让习惯于传统书店无折扣买书的网民欢呼雀跃。有的消费者几十本，甚至上百本地购买。当当因此一鸣惊人，访问量和成交额飙升。尝到促销甜头，当当宣布每年举办一次店庆促销活动。

在当当成为B2C龙头企业之后，价格战也成为其主要竞争法宝。当当在2006年12月1日启动了盛大的岁末促销，包括网上50类图书音像销售排行榜的上榜商品6.8折封顶，百货类商品全场买50元返25元券，全场通用。当当还“霸气”地提出最低价格和缺货承诺，凡是在同类网站上发现同类商品的网上售价低于当当售价的，或者发现同类网站销售了当当没有销售的图书的，经核实后，举报者都将获得相应奖励。

2010年底，为了促进销售，卓越亚马逊、当当和京东商城三家B2C企业爆发了惨烈的价格战。12月15日，卓越亚马逊宣布将对旗下数十万种畅销书在全网络最低价的基础上再降20%，并免运费。12月18日，当当宣布将斥资4000万元进行降价促销活动。当天下午，京东商城宣告展开总金额8000万元的大促销。卓越亚马逊随后再次加入，宣布斥资1亿元让利用户。

在天猫和京东崛起之后，当当的市场空间越来越小，为了反击竞争对手，当当依然应用了价格战策略。2013年10月16日，当当捆绑“双十一”的“店庆月”促销正式开幕，打响了“双十一”促销的第一枪，当当图书、服装、孕婴童等战略品类促销正式启动。李国庆称，当当“店庆月开幕节”图书、服装、百货大促已启动，让利力度和“双十一”相同。当当图书50万种5折封顶，秋装1～5折，百货数码低至9.9元。

案例：京东运用价格战反超当当

2010年12月，京东和当当掀起了大规模的价格战。据京东总裁刘强东爆料，战争的导火索是当当给所有出版社发邮件，要求封杀京东，不得供货。事实上，京东希望拓展图书销售领域，把图书作为多元化的一个突破口，丰富产品线长度，增加客户黏性。另外，当当刚刚在美国完成上市，而成立七年的京东却一直面临巨大的资金压力，由于扩张加快，连年亏损，资本对京东的信心开始动摇。京东需要发声，需要引起投资人的关注，需要重拾投资人的信心。于是，一场轰轰烈烈的价格战上演了。

京东宣布图书“直至价格降到零”。

当当针对京东开展了应对战。当当首先声称“封杀”事件乃员工个人行为，与公司无关。随后，当当宣布斥资4000万元，对网站商品进行大幅度降价，降价商品不仅包括图书，还包括针对京东的数码产品和百货产品，并宣称其“所有畅销品价格将比其他数码类网上商城至少低50～100元”。

京东不甘示弱，很快宣布开展价值8000万元的产品促销，开展“所有图书产品要比竞争对手便宜20%”的活动。

2011年3月，京东与当当的价格战升级，刘强东在新浪微博上示威，为了争夺市场，不允许突出部门盈利。“如果你们三年内给公司赚了一分钱的毛利或者五年内赚了一分钱的净利，我都会把你们整个部门人员全部开除！”

同月，当当总裁李国庆表示，将图书优惠进行到底：“如果和当当拼低价，当当一定会报复性还击！”随即宣布，图书、音像全场满200元，返还100元。

京东再次响应，推出更加优惠的价格策略“满100元返50元，满200元返100元。

最后，这场价格战因政府相关部门的介入而终止。

这场价格战为京东图书产品奠定了营销和舆论基础。2017 年的数据显示，京东图书产品的市场份额达到 36.2%，终于超过当当 35.1%[①] 的市场份额，成为中国最大的在线图书交易平台。一方面，京东采取了主动促销策略，另一方面，京东积极拓展线下渠道，将实体店开进了咖啡店、艺术区、亲子乐园等线下门店，宣传了品牌，实现了线上和线下流量的融合。为了增强用户忠诚度，提高用户购买率，京东还推出“微信荐书联盟”“京东共读”“陪伴计划”等多项有针对性的服务。

案例：PPG 与价格战

男士职业衬衫一直价格高举，普通的传统服装品牌动辄就是几百元，高档品牌至少上千元。服装直销网站开拓市场之初，看准传统行业的痛点，大拼价格战，并加大宣传力度。PPG 是“第一个吃螃蟹的人”，最早涉足服装网络直销，其早年爆发式成长的重要战术之一就是低价。PPG 的衬衫定价为 99 元，受到了白领的热烈欢迎，引发了抢购热潮。低价格促进了交易量井喷，PPG 衬衫立刻在白领中流行开来。

PPG 采用“轻公司”运作模式，减少传统营销渠道冗长的中间环节，不租用实体店铺，直接对接消费者，大幅度节约了销售成本，使得定价可以大幅度低于竞争对手。自己不建工厂，将订单直接委托给第三方合作企业。

PPG 的快速成长受到了广泛关注，低门槛的商业模式也很快吸引了众多效仿者。2007 年下半年，网络销售衬衫的企业数量猛增到 30 多家。新企业同样采用低价策略，妄图抢占 PPG 的市场份额，PPG 销售额直线下降。例如，BONO（宝鸟）品牌基于报喜鸟优势，推出 777 元的“5 件衬衫和 2 件 T 恤衫”大礼包，随后又紧锣密鼓推出 169 元衬衫和 109 元毛料混纺 T 恤

① 易观：2017 年第 3 季度中国 B2C 市场出版物品类交易规模为 68.4 亿元　新零售引领图书出版物市场发展［EB/OL］.（2017-10-31）［2019-10-15］. https://www.analysys.cn/article/analysis /detail/1000995.（引用时有微调）

衫。凡客诚品不甘示弱，在网站推出68元初体验价格。当当开展了全场衬衫满100元返30元的促销活动。2009年，凡客诚品彻底击败PPG，跃居网销衬衫市场占有率第一名。

案例：B2C平台企业价格战

为了吸引用户和争夺流量，京东、苏宁、天猫几家平台的价格战持续了多年。

2012年4月，苏宁易购、京东、天猫、国美库巴等电商巨头发起“史上最大规模”的电商价格战。天猫宣布投入2亿元支持平台内商家进行价格战，而苏宁易购和京东商城也宣称投入5亿元“迎战”，随后新蛋网宣布投入3亿元参战。同年8月，京东、苏宁、国美三家开展了更加激烈的价格战。京东声称，国美和苏宁联合向供货商施压，要求所有的家电商场都不允许给京东供货，京东面临资金链和供货链断裂的风险。由于涉嫌不正当竞争，中华人民共和国国家发展和改革委员会与国家市场监督管理总局随即介入调查。“双十一”价格战愈演愈烈，达到全年价格战的高潮。在促销活动中，天猫发放了近1亿元的红包，加大了宣传力度，淘宝和天猫当天总销售额达到191亿元，其中单日完成销量100万元以上的共有2580家店铺。价格战经过媒体的炒作，吸引了消费者，有效地促进了销售额提升，网易有道的数据显示，苏宁易购的流量涨幅达到706%；国美流量涨幅达到463%；京东流量涨幅达到132%。

2014年8月，价格战再次爆发。14日，刘强东连发两条微博，声称京东大型家电三年内零毛利，所有大家电保证比国美、苏宁连锁店便宜10%以上，并将派员工进驻苏宁、国美店面。随后苏宁和国美纷纷加入电商价格大战。苏宁易购表示，其包括家电在内的所有产品价格必然低于京东，任何网友发现苏宁易购价格高于京东，都会即时调价，并给予已经购买者两倍差价赔付。国美同样表示不回避任何形式的价格战，商品价格将比京东商城低5%，并且保持线上线下统一价。

四、合并重组

网络零售领域的并购、合并事件频繁发生，推动平台企业不断壮大。平台企业采取并购战略的目的大致有三种。

第一种是根据业务和风险规避需要，拓展新的市场空间。平台规模扩大以后，有充裕的资本储备，如果看好另一个领域的成长空间，没必要建设一个全新的部门或公司。新建一个公司需要比较长的周期，而互联网细分市场瞬息万变，机会稍纵即逝，很可能会错过好的市场机会。新建公司需要大量专业的人才和经验，大量的研发投入，并且面临诸多不确定性风险，而直接并购一家现成的公司就能起到事半功倍的效果，直接涉足该领域市场业务，享受快速成长期的红利。以 2015 年为例，互联网行业发生并购案 836 例，环比增长 54.24%；披露金额共 518.69 亿美元，环比大增 197.38%。最典型的案例有阿里巴巴集团收购优酷土豆，京东收购永辉超市等（见表 2–1）。

表 2–1　　阿里巴巴近年主要收购案

时间	并购主体	并购目的
2013 年	收购虾米网	提高用户体验，拓展产品线
2013 年	入股新浪微博	增加移动入口，构建商业生态
2013 年	入股高德地图	构建大数据服务体系，完善生态
2014 年	收购 UC 优视	进军新业务
2015 年	入股苏宁	强强联合，优势互补，共同御敌
2015 年	收购优酷土豆	拓展个人文娱市场，争夺流量入口
2016 年	收购豌豆荚	完善移动产品线
2016 年	入股饿了么	抢占生活服务入口
2017 年	收购大麦网	构建大娱乐生态板块

第二种是根据构建完整的商业生态系统的需要，平台企业并购产业链上下游企业。网络零售涉及物流、资金流等，是个复杂系统工程。为了提高交易效率，增强企业抗风险能力，抬高行业进入壁垒，一些大的平台企业整合产业链资源，打造高效合作的商业生态系统。网络零售企业为了获得竞争优势，不得不断通过并购、合作等形式快速完善价值链，增强实力。2014 年，网络零售领域以构建商业生态为目的的合作事件频繁发生，如京东联姻腾讯，苏宁与七匹狼合作服装网销，阿里巴巴联手中国邮政共建电商物流，腾讯联姻 58 同城，唯品会收购乐蜂网，阿里巴巴投资银泰百货，等等。

不仅仅是企业间的资源整合，企业内部也常常因为战略需要进行各种融合。2016 年，阿里巴巴集团宣布，旗下“闲鱼”和“拍卖”业务合并重组。二者合并后，将形成合力，避免资源浪费，共同探索以商品交易为核心的分享经济业务形态，包括拓展闲鱼拍卖、闲鱼二手交易、闲鱼二手车等。

第三种是网络零售平台企业和竞争对手合并，直接扩大市场规模，增强竞争力，减少内耗。美丽说与蘑菇街、淘世界合并，就属于类似的情况。2015 年爆发了较大规模的生活服务类平台强强合并案例，如美团和大众点评、携程和去哪儿、滴滴和快的、58 同城与赶集等。2016 年 4 月，网络零售领域相关的美丽说与蘑菇街、淘世界宣布合并。三家平台企业都是针对女性提供商品和服务的，有共同的目标用户。然而，三家公司在细分市场和服务内容上有细微差别，也有互补。三家公司合并后，不仅可以减少竞争内耗，还可以利用各自优势，专注于不同目标用户进行营销，集中精力攻占各自的市场。蘑菇街专注学生群体，美丽说专注白领阶层，而淘世界则面向新富阶层，不仅细分了用户群，还对服务和商业模式进行了整合，形成了“内容 + 电商 + 社区”三位一体的服务模式。

案例：eBay 易趣与 TOM 合并

2006 年 12 月，eBay 易趣与 TOM（移动互联网公司）达成合并协议，两家公司将共同投资 6 千万美元组建一家合资公司，进军移动商务，布局“无线 + 电子商务”市场。eBay 易趣与 TOM 强强合作，形成优势互补。eBay 易趣在中国的竞争优势每况愈下，在用户体验、营销策略上日益落后于淘宝，而且本身的业绩也呈下滑趋势，eBay 易趣的生存状况岌岌可危。在不利环境下，eBay 易趣希望借助 TOM 在线本土化运营和无线运营的品牌优势，推出移动购物服务。TOM 也希望借助合并之机，摆脱在线盈利模式单一的不利局面，涉足具有广阔成长空间的电子商务市场。

案例：京东与唯品会的合作之路

京东与唯品会同为国内 B2C 电商平台，在某种意义上讲，二者本为竞争对手关系，在 2018 年上半年我国 B2C 网络零售市场份额排名中，天猫依然稳居榜首，市场占有率高达 55%[①]，京东市场占有率为 25.2%，其次是拼多多 5.7%、苏宁易购 4.5%、唯品会 4.3%。京东和唯品会二者在国内市场的份额相加也不足 30%，仍然与天猫相去甚远。为了优势互补，尤其是迅速占领跨境电商市场，获取市场先机，唯品会和京东开展了一系列合作。

● 入股变成一家人。2017 年 12 月，腾讯和京东联合投资，入股唯品会。其中，腾讯占股 7%，京东占股 5.5%。入股以后，京东和唯品会变成了利益共同体，为后续开展合作奠定了基础。

● 流量互补。唯品会成为京东旗舰店。2018 年 3 月，唯品会以旗舰店的形式入驻京东，借助京东优势，作为唯品会的一个重要流量入口。根据唯品会 2018 年一季度财报，唯品会京东旗舰店上线两个月内，粉丝增长迅速，上线品牌增长超过 300%，新用户增长明显。根据唯品会数据，其八成用户为女性，而京东男性用户占比较高，双方在用户上也可以实现互补。

● 产品互补。唯品会主营服饰、化妆品，而京东的拳头品类是数码家

---

① 2018 年（上）中国网络零售市场数据监测报告［EB/OL］.（2018-09-27）［2019-10-15］. http://www./100ec.cn/zt/18wlls/.（引用时有微调）

电。双方合作，可以丰富产品大类，让消费者一站买到更丰富的商品。

● 开放仓储物流。2018 年 5 月，唯品会宣布将向京东开放 9 个海外仓资源，为京东全球购提供海外仓储物流服务，携手共同开拓跨境电子商务市场。双方在仓储物流上的合作，还可以提高海外仓利用率、降低物流成本。

● 采购合作。京东和唯品会合作在海外采买优质商品，将形成规模优势，降低采买成本，降低商品售价，提高平台竞争力。

五、多元化战略

网络购物市场竞争拼的是用户数、交易额、市值和增长速度。在成长期，平台企业通常采用多元化战略，可以更多地占领市场、留住用户、做大规模，也可以避免单一经营的风险。

交易品种多元化。单一的交易品种会制约用户的选择，限制了客单价的空间，不利于留住用户。交易品种单一也会给企业带来经营风险，限制企业的成长空间。一些网络平台企业通常都是以单一品种起家，站稳脚跟后，为了留住客户、降低风险、提高利润，大多会采取多元化战略。以垂直型 B2C 平台为例，平台企业在本领域取得一定优势后，无一不向“大而全”的综合性网上商城方向转型，尤其是在 2008 年，各大平台合力掀起了一股百货化趋势：

● 京东商城已经从 3C 产品销售扩展为百货销售。

● 红孩子从母婴产品扩展到化妆品、保健品和 3C 产品销售。

● 凡客诚品从男装销售扩展到女装、童装、家居和鞋类产品销售。

● 图书类 B2C 网站卓越网的百货销售额已经超越图书音像。

● 当当将经营品种扩张到百万种，包括图书、音像、家居、化妆品、数码、饰品、箱包、户外休闲等商品。当当百货的销售额也已经占到总销售额的 16% 以上。

● 卓越网突破起家时专注于图书音像的单一产品领域，把商品种类拓展到十几大类。实现“精选产品、减少品种”到“大而精”的战略转型。

不同时间背景下，消费者的网购需求有所不同，网购需求的多元化和个性化也是驱动网购平台多元化发展的动因。以 2007 年为例，与 2006 年相比，淘宝销售额前十的商品类别差异非常大，表现为日常生活用品的异军突起。前十名中，有 6 个细分品种都属于生活类用品。从交易额来看，生活类用品的网络销售额已经超过总成交额的 1/5。从总排名来看，居家日用品从 2006 年的第 12 位飙升至 2007 年的第 2 位，话费充值卡从 2006 年的第 9 位升至 2007 年的第 5 位，服装外套从 2006 年的第 11 位升至 2007 年的第 7 位。与此形成鲜明对比的是，数码类产品的排名大多有下降趋势。网上购物商品的转化说明网上购物已经成为网民的主流购物方式之一，网购与网民的日常生活更加息息相关。

模式发展多元化。B2C 呈现模式多元化趋势，这种趋势有三种情况，一种情况是 B2C 服务平台加入 C2C 服务内容。B2C 平台服务商面临产品线短、利润下滑和高昂成本的风险，迫使一些 B2C 业务增加了 C2C 内容。如 2005 年 10 月，当当宣布一期投资 4 亿元，进军 C2C 市场。另一种情况是 C2C 平台企业加入 B2C 平台内容。为了应对假冒伪劣问题，2009 年，淘宝开辟了网上商城，开通旗舰店服务，入驻的总商户数近万家，后于 2012 年改名天猫商城。商城吸纳了诸多品牌商、生产商，采取注册验证和保证金制度，为消费者提供七天无理由退货售后服务，确保消费者权益不受损害。同是 2009 年，百度旗下 C2C 平台“有啊”正式推出其 B2C 旗舰店频道“名品”。“名品”频道的目标客户主要是代理商和生产厂商。还有一种情况是拥有自己的 B2C 网站的传统生产企业加盟 C2C 平台，借助 C2C 免费平台的人气，扩大销售渠道。例如，淘宝卖家中，70% 以上并非个人商户而是中小企业客户。

区域发展多元化。网购平台企业的区域多元化是指平台企业在地域空间上的扩张。网购最先兴起于一线城市，然后向二线、三线及中小城市扩张，最后直接扩展到农村地区和全球市场。网购平台企业在全球市场的扩张从企业发展战略角度被称为平台企业的国际化，从产品角度被称为跨境电子商务。网络零售在农村地区的扩张被称为农村电子商务。网络零售比拼的一个重要指标就是流量，因此地域上的扩张也是对用户群和流量的争夺。阿里巴巴和京东都分别制定了全球化战略和农村电子商务发展战略。2017 年，阿里巴巴的电商业务已经覆盖全球 70 个国家，海外支付宝用户已突破 4000 万人。2018 年，京东物流国际供应链已在全球建设 110 多个海外仓，实现原产地全覆盖。

案例：京东的多元化布局

产品多元化。京东平台于 2003 年非典之后上线，最开始自营家电产品。随后向图书、音像产品领域扩张，追求长尾效应。由于产品大类单调，京东的自营业务很难形成规模，也不大可能快速爆发式成长。2008 年国际金融危机爆发，国内外经济环境恶化，京东苦于利润压力，增加日用品销售，逐步向综合类网络零售平台转型。日用百货包括家居用品、厨房用具、服装首饰等。日用百货需求量大，利润较高，是 B2C 主要追逐的销售商品之一。垂直类网站向综合类商务网站转型，也是抗击单一产品大类风险高的举措。

模式多元化。京东以 B2C 自营业务起家，以网络销售家用电器为主。为了做大做强，2010 年，京东推出 POP（Pctowap Open Platform，一种开放平台），开始为中小企业提供一站式电子商务解决方案，2013 年京东正式提供 C2C 平台服务。很快，京东平台广泛聚集了一批各领域的网商和服务商，甚至一些国内外传统知名品牌企业也在京东开设旗舰店。截至 2016 年年底，京东 POP 开放平台已有约 12 万家商家入驻。京东提供 C2C 服务后，流量和销售额双双获得显著提升，2013 年前三季度，京东开放平台交易额增长率超过 100%，2014 全年的平台交易额更是首次突破了 1000 亿元，其中开放平台销售占比达到 38.8%。2016

年全年交易总额达到6582亿元，同比增长47%，全年净收入达到2602亿元，同比增长44%。

生态多元化。京东在网络零售领域站稳脚跟后，继续向产业链上下游扩张，构建完善的商业生态，以此增强竞争能力和抵御风险的能力。京东生态涉及了物流、资金流等多个领域。物流方面，2017年4月，京东物流子集团成立，旨在向全社会输出京东物流能力，为产业链上下游的合作伙伴提供高效物流服务。京东物流囊括中小件、大件、冷链、B2B、跨境和众包（达达）六大物流网络，目前，冷链配送已经覆盖全国300多个城市。资金流方面，2013年10月，京东金融集团正式运营，规划了企业金融、消费金融、财富管理、支付、众筹众创、保险、证券等十余项业务板块，京东金融不仅涉及金融服务，还为相关传统企业提供科技服务。

线上线下同时发力。为了推动家电的销售，提高用户体验，京东家电专卖店已开店过万家，覆盖全国2.5万个乡镇、60万个行政村[①]。线上与线下的融合，打破了封闭的农村市场，让农民也能买到质优价廉的产品。线下渠道的拓展取得了丰硕的销售成果，根据统计，2017年一季度京东由专卖店成交的家电占整体家电销售的25%，2018年一季度京东由专卖店成交的大家电占大家电销售额的42%。

京东国际化战略。京东在2015年就启动了国际化战略，将中国模式拓展到海外。目前，京东已经设立了110多个海外仓，包括在东京、洛杉矶、阿姆斯特丹等核心枢纽，拥有近千条运输链路。2018年6月，谷歌宣布向京东投资5.5亿美元，全面启动京东国际化战略。京东的国际化目标是把全球优质商品带到中国，同时将中国优质产品带向全球。

① 线下体验依托线上零售，京东家电双线布局迎市场爆发［EB/OL］.（2018-05-29）［2019-10-15］. http://baijiahao.baidu.com/s?id=1601770084939281227&wfr=spider&for=pc.（引用时有微调）

六、专业化战略

与多元化战略相对应的就是专业化战略。平台在垂直领域精耕细作，建立行业专业市场平台。建立专业市场有很多益处：一是能够针对行业痛点进行更有针对性的服务，二是用户的需求更加挑剔，只有更高品质的产品和更专业的服务，才能满足用户的需求，三是综合型平台竞争日趋激烈，而一些市场还存在未开发的蓝海，具有广阔的商业机会。

案例：专注家居市场的淘宝极有家

传统家居市场存在较多的问题，总结下来包括以下几点：一是市场缺乏龙头企业和大品牌企业；二是企业间恶性竞争激烈，企业纷纷通过价格战去掠夺市场；三是产品原材料品质无法保证，产品和服务质量问题频出；四是消费者维权难度大；五是行业缺乏标准和规范，监管力度弱；六是家居中的装修过程比较复杂，涉及木工、油漆工、管道工、瓦工等多个工种，专业化明显，消费者通常不懂其中的工作流程，因此其中也存在诸多装修黑洞。

随着人们收入的增长，对品质化和个性化的需求与日俱增，而最能体现消费者消费升级特点的行业除了服装市场，就是家居市场。相比服装市场，家居产品和服务的客单价高，例如，在北京地区对100平方米的两居室进行普通水平的装修装饰，成本估算就达30万元。

消费者对家居产品的需求大、需求高，然而这与家居市场的发展现状存在较大差距。而这种差距恰恰让淘宝看到了市场机会。

淘宝在2015年成立了极有家，专注于家居电商平台服务。经过几年的探索，极有家找准行业痛点，并制定了有针对性的服务策略。首先，极有家平台主打原创和高品质，注重服务。其次，平台构建了围绕家居痛点的行业生态体系，邀请了全新岗位加盟，如甲醛管理师、工程监理师、时尚买手、设计师、搭配师等。通过邀请专业人士加盟，解决消费者在装修过程中出现的难题。

在2018年，不到4年时间，极有家平台成交额突破了3000亿元，一时成为最大的线上家居交易平台。平台的家居设计师数量在近三年里也翻了近一倍。未来，极有家将继续深耕家居市场，拓展海外渠道，应用高科技技术提高消费者体验。

七、广告战

广告无疑是快速接触目标用户，将理念和新闻点传播给用户的最直接手段。为了获得流量和成交额，网络零售平台也大量使用广告。网络平台选择的广告媒介也多种多样，线上和线下无处不在。广告媒体的受众群基本与网购用户群相吻合。传统广告媒体有报纸、杂志、广播、电视等。网络媒体有新闻资讯、搜索引擎等。

打开新浪网首页，绝大部分广告属于网络零售商，包括苏宁、淘宝、天猫等。

网络零售平台的广告大致有几个宣传点：一是直接宣传品牌，如在影视剧中植入平台名称，引起观众的注意。二是重要活动推广，如每年的“六一八”和“双十一”大促活动。三是日常的广告行为，尤其是针对平台商家的广告服务。四是根据消费者的浏览记录等大数据，分析消费者可能的需求，进行有针对性的推荐。如淘宝在新浪首页的广告，就是根据消费者的个性化需求提供有针对性推荐的广告。

广告战给网络平台带来了高昂的成本，各大平台的广告成本节节攀升，企业的竞争变成了广告的竞争。当当为了获得新客户，曾经每年在百度上投放品牌专区和关键词推广广告，这两项的广告费每年就达到几千万元①。刘强

① 当当宣布停止在百度投放广告［EB/OL］.（2011-03-18）［2019-10-15］.http://tech.163.com/ 11/0318/15/6VEJ3TGO000915BF.html.（引用时有微调）

东曾在其微博表示，其将2011年度广告费用砍掉50%[①]，节省的资金可以新开100个城市配送站和10条城际运输线。唯品会财报显示，2018年第三季度营销支出为5.784亿元，高于上年同期20.9%。根据京东2017年第二季度财报，净亏损达到2.87亿元，而同期的营销成本高达40.751亿元，比上一年同期增长63%。阿里巴巴2017年第四季度财报显示，该季度营收830亿元，销售和营销费用为85.42亿元，占营收的比例为10.3%。

案例：农村电商的刷墙大战

城市网络零售市场遇到天花板，网络零售商将目标投向了农村市场。农村市场既需要物美价廉的优质商品，也需要通过网络平台销售农产品和特色产品。在电子商务进农村的市场拓展初期，广告是最有效的宣传途径，而农村建筑的外墙则是最廉价的广告载体，而且村民每天都能看到广告。于是，各大网络平台掀起了刷墙广告大战，仅苏宁易购的刷墙广告就成功地打入145个地级市的5万面墙[②]。

各家网络平台的广告语都很接地气，直指农村的“痛点”，比如创业、娶妻、家庭幸福、便捷购物、节省开支等问题。

- 唯品会的广告语是“衣服挑得好，老公回家早”。
- 京东商城的广告语是“发家致富靠劳动，勤俭持家靠京东”“乡村白条 分期付款 买大家电 娶她过门”。
- 淘宝的广告语是“农村淘宝啥都有，购物就在家门口”“打工东奔西跑 不如创业淘宝”。
- 苏宁拼购的广告语是“拼购拼得好，村花随便找”“勤俭持家能致富”“便宜好货来拼购”“娶媳妇儿要娶贤惠的，上拼购要上苏宁的”。

---

① 刘强东：京东商场今年广告预算砍掉50%［EB/OL］.（2011-03-24）［2019-10-15］. http://tech.sina.com.cn/i/2011-03-24/10305326113.shtml.（引用时有微调）

② 你们村的墙你说了算！苏宁拼购2019将下乡刷墙10万面［EB/OL］.（2018-12-27）［2019-10-16］. http:dy.163.com/v2/article/detail/E42350PS05149HUS.html.（引用时有微调）

农村刷墙已经成为一个产业，一家名为村村乐的专业农村刷墙公司在2015年一共刷了近千万平方米的农村墙体广告，每平方米的刷墙价格为5元至15元不等。而其主要的客户就是网络零售平台企业。截至发稿前，该公司已经被估值10亿元。

案例：京东购物节广告大战

每年的购物节都是网络平台竞争的一个高潮。购物节只是个由头，宣传品牌、提升流量和交易额才是最终目标。为了实现目标，各大网络平台都聚焦于活动。为了在宣传中独占鳌头，除了口水战，广告战也是其重要手段。

为了增加曝光率，各大网络平台都在营销上下足了功夫。6月18日是京东店庆日，京东每年都会掀起一轮声势浩大的促销活动。其他电商平台也不甘示弱，纷纷跟进。京东将“六一八”购物节看作是全年最重要的活动，以“火红六月”为宣传点，成为京东促销力度最大的一天。因此，京东以红色为主色调，加大了广告的投放力度，不仅在网络媒体上大量投放广告，还在电梯广告牌、公交车站牌、地铁户外等媒介上大量投放广告。内容上，京东主打价格和品质两张牌。在2011年促销活动中，京东打出“‘六一八’巅峰疯狂18小时”活动。活动中的产品多为5折起，甚至有的商品折扣为2折或3折。在品质方面，应对竞争对手天猫，京东的广告语打出“我要买点好的”“认真购物 买点好的”。

八、口水战

为了树立平台品牌形象，更为了吸引更多用户，促进交易，口水战（也称舆情战）也是网络零售平台竞争的主要手段之一。平台动员媒体力量，通过新闻稿、微博、论坛等各大“战场”进行大规模立体宣传，甚至借助权威专家观点为平台助威。在Web 2.0的背景下，每个人都成了一个新闻源，都可以通过各种自媒体公开发表言论，为口水战提供了材料。

相比广告宣传方式，口水战对于平台企业具有更多优势：一是口水战成本低，不用花天价广告费就可以达到吸引大众目光的作用，达到四两拨千斤的效果。二是宣传效果好，口水战可以快速地吸引公众，还可以通过一波又一波的文字宣传自身平台，借势打击竞争对手。三是以个人名义或者匿名身份进行的口水战，可以有较大的回旋余地，即使说错话或者言语过于偏激，也可以以个人的名义道歉而获得谅解，不会过多伤害平台企业的品牌。然而，口水战也有弊端，一是口水战有较大风险，营销话题容易跑偏，也有可能引起公众的反感和抵触，甚至令舆情无法控制而不能收场，营销效果也有可能转向有利于竞争对手的方向。二是口水战属于比较低端的营销手段，与大企业应具有的胸怀和社会责任感相悖，容易给社会带来负面情绪，影响社会风气。

案例：当当与卓越亚马逊爆发了“谁是中文最大书店？”口水战

2007年春，卓越亚马逊多次在公开场合称自己是“全球最大的中文网上书店”。这一言论引起了当当的极大不满。同年5月底，一篇名为《卓越网深陷“本土化”泥潭》的文章在网上被迅速转载，文中透露卓越亚马逊亏损达到9000万元。同一时间，当当向有关媒体发表了《请卓越网停止发布谎言》一文，声称卓越亚马逊自诩的“全球最大的中文网上书店”与事实不符，要求其停止继续欺骗消费者。

6月4日，当当举办了一场小型的媒体见面会，宣布3位新高管加盟。时任当当联合总裁的李国庆承认，选择此时发布消息就是针对卓越亚马逊。在答记者问环节，李国庆表示，希望卓越亚马逊保持起码的“不说谎”的道德底线。

卓越亚马逊公关部经理田维彬出面表示，企业秉承“以客户为中心”的价值理念，不会理会口水战中的谁大谁小。其将继续使用“全球最大的中文网上书店”的宣传口号。

6月5日，杰夫·贝索斯首度访华，在举办的新闻发布会上，时任卓越网总裁的王汉华依然高调宣布：卓越网正式更名为“卓越亚马逊”。杰夫·贝索斯发言时，针对当当表示“一个企业应该将自己的服务做好，而不是将目光紧紧盯住竞争对手”。

伴随着口水战，两家平台网站还开展了系列商战。卓越亚马逊对业务和供货商策略进行了重大调整，还推出了一项促销活动——“零元免费送货”。在活动期间，无论在卓越亚马逊购物金额多少，一律免运费。当当不甘示弱，采取了一系列应对措施：在一些门户网站上，买断“卓越”关键词，调整高管人员，开展促销和免运费活动。

案例：“双十一”口水战

每年的“双十一”都被视为网络销售的高潮，是平台和商家必争的关键时点。平台和商家则使出浑身解数，用优惠券等各种促销手段来吸引消费者，增加销售量。2014年11月初，在“双十一”即将来临之际，几大电商巨头掀起了一场以“商标”为焦点的舆论大战。天猫以注册了“双十一”商标为由，在媒体发布公告，要求京东等电商平台停止“双十一”广告的投放。而京东和苏宁则携手反击天猫，声称“双十一”已经成为全国零售行业的节日，天猫的这一行为“有违互联网开放精神”，是“以法律之名，行垄断之实”。苏宁也加入反击队伍，认为天猫的做法“法律合规、手段不义”。

九、生态战

生态战是电子商务进入成熟期，平台巨头为了稳固市场地位而采取的战略。建立生态意义重大。第一，电子商务是一项复杂的交易活动，只有掌控整个交易环节，才能让交易更顺畅，让交易的成本更低。第二，伴随着全球化进程，经济形势日益复杂多变，商业风险加剧，为了应对不确定性挑战，只有抱团取暖才能更好地生存和发展。第三，技术创新加快，新应用和新模式不断涌现，企业生命周期变短，只有追赶创新步伐，才能不被市场淘汰。这种新模式和新公司的加入，无形中扩大了原有的生态圈。第四，未来的电子商务发展趋势之一是场景营销，每一个应用入口都会带来流量，每一个流量都有可能转化成交易额。抢占入口，也是未来电子商务取得竞争优势的战略之一。第五，建立商业生态是提高进入壁垒、保护现有市场份额的重要战略。平台企业建立丰富的商业生态会给竞争对手带来威慑，会使新进入者望而却步，与此同时会增加企业的市场份额。

电子商务建设商业生态涵盖两个方向，一个是纵向一体化战略，一个是横向一体化战略。纵向一体化战略是指企业向与服务和用户相关联的经营领域扩展，即在现有业务的基础上，向产业链的上游或下游发展，形成整个电子商务交易的闭环服务。如电子商务平台企业进入搜索、物流和支付环节。横向一体化战略通常是指企业向多领域、多样化扩张。平台企业横向一体化的主要目的是扩大影响，提高竞争优势，实现规模经济。如电子商务平台企业向医疗领域扩张，向娱乐领域扩张，向体育产业扩张。如 2014 年 6 月，阿里巴巴注资 12 亿元，收购恒大足球俱乐部 50% 股权。

案例：阿里巴巴的商业生态系统

自成立之初，阿里巴巴就在不断构建自己的生态体系。在最近五年间，阿里巴巴的对外投资额超过 400 亿美元[①]，阿里巴巴通过各种方式参股的公司已经超过 200 家。目前阿里巴巴的市值为 3725.44 亿美元，位列全球市值十强。

首先，构建以交易为中心的平台体系。1999 年，阿里巴巴成立，以 B2B 业务为主。2003 年，C2C 模式的淘宝上线；2010 年，聚焦于小额批发业务的 1688 正式上线；2011 年，天猫从淘宝分离出来，成为独立的 B2C 平台；同是

① 阿里巴巴的体量有多庞大？评价：更像是一个完整的互联网生态圈！［EB/OL］.（2018-11-11）［2019-10-17］.http: //www.sohu.com/a/274645356_99942307.

2011 年，聚划算顶级域名启用，成为阿里巴巴旗下的团购平台。

其次，围绕交易服务，阿里巴巴构建了完善的交易服务体系，覆盖支付、物流、企业服务等领域。支付方面，2004 年阿里巴巴建立支付宝，实现以“信任”作为服务核心的支付服务，突破了交易过程中的信任瓶颈。搜索引擎方面，2005 年，阿里巴巴收购了中国雅虎，增强了搜索引擎方面的人才和技术优势。物流方面，2014 年，提供物流仓储信息和基础设施服务的菜鸟成立。地图方面，2013 年，阿里巴巴投资高德地图，既带来了流量，又通过地理位置信息与人、货、场完美结合，降低了交易成本。商务沟通方面，2014 年，阿里巴巴首次推出钉钉，定位于企业用户，打造商务沟通和协同的交流平台。近年，在 O2O 领域，阿里巴巴加快布局，相继与银泰百货、苏宁云商、大润发、新华都等企业合作，还创建了盒马鲜生。2018 年，阿里巴巴全资收购了餐饮外卖平台饿了么。在大数据领域，2009 年，阿里云公司成立，为生态链企业提供数据资源、存储和计算服务。

最后，阿里巴巴还做大平台，实现横向多元化，通过流量整合，提升整个生态系统的竞争力。时至今日，阿里巴巴的布局覆盖了大部分互联网细分产业，如娱乐、健康、出行等领域。娱乐领域可以带来显著流量，阿里巴巴在娱乐领域的布局包括虾米音乐、大麦网、阿里体育、阿里影业、淘票票、优酷土豆、UC、新浪微博等诸多企业。

案例：支付宝营造的生态系统

阿里巴巴本身就是一个大的生态系统，各个主体之间形成紧密的分工协作，支付宝就是其中一个关键主体。支付宝不仅仅是简单的支付工具，随着支付宝用户数的增长，支付宝作为流量入口的作用也越来越明显。借助支付的入口优势，支付宝拓展了越来越多的服务场景来增加用户黏性，以此来增加变现能力。因此，支付宝采取了广泛的合作，以支付为契机，建立了属于自己的商业生态。在单车市场，支付宝推出免押金的哈啰单车，哈啰单车的日订单总量已经达到 2000 万单。

十、诉讼战

在我国电子商务成长期，平台企业在快速扩张过程中，常常忙于商业模式的构建、用户规模的扩张、风险投资的获取，因而往往忽视法律法规的制约和保护作用，导致竞争中问题频繁出现。当平台之间的竞争到达一定程度，导致一方平台的权利受到严重侵害时，通过法律途径解决是一种比较好的选择。一方面平台可以通过法律手段保护自身的权利，另一方面通过诉讼案件作为新闻点，打击竞争对手，博得用户的同情和支持，进而起到宣传自身品牌形象的作用。涉及的案件形式也多种多样，包括侵犯知识产权、不正当竞争等。

案例：梦芭莎起诉麦考林盗用产品图片

2010 年，梦芭莎发现麦考林商品邮购目录以及网站上出现一款“凤尾玲珑”文胸产品的多张图片与梦芭莎的一款主打产品十分类似，遂以侵权为由将麦考林诉至上海市浦东新区法院，要求其立刻停止侵权并赔偿损失 200 万元。上海市第一人民法院受理了该案，并且确认麦考林侵权，一审判决其赔偿梦芭莎 3.3 万元。

而梦芭莎认为公司为研发此款商品耗时费力，并且为推广此款新品花费了大量广告费，由于麦考林的侵权给梦芭莎品牌形象和销售业绩带来了极大不良影响，因此向上海市最高人民法院提起了上诉，继续要求赔偿损失 200 万元。二审庭审过程中，涉案双方再就图片盗版损失、图片点击率、商品图片制作费、网络销售比例等问题进行了探讨。

案例：走秀网与尚帝网的不正当竞争案件

由于竞争日趋激烈，获客成本高昂，一些网站动起了通过购买竞争对手品牌关键词而获取对方客户的歪主意。2010 年 8 月，尚帝网将走秀网告上法庭，诉讼理由是走秀网在搜索引擎上，购买了关键词“尚帝网”，在搜狗搜索框内搜索“尚帝网”，走秀网则排在搜索结果前面，导致尚帝网的用户流失到走秀网。搜索引擎认钱不认品牌，导致一些网站的关键词被竞争对手恶意抢走，也为用户精准、快捷搜索到正确的结果带来了人为障碍。

案例：人人二手车网和瓜子二手车直卖网互诉不正当竞争案件

人人二手车网（简称人人）和瓜子二手车直卖网（简称瓜子）都是二手车交易平台。2017 年，人人将瓜子告上法院，诉其不正当竞争，理由是瓜子在广告中使用“遥遥领先”“全国领先”等《中华人民共和国广告法》禁用的极限词汇，让消费者产生瓜子是最大二手车交易平台的错误认识，因而不选择人人，给人人的宣传和营销造成了严重损失，降低了品牌形象。人人以涉嫌滥用广告词和不正当竞争为由向瓜子索赔 1 亿元。同年 11 月，北京市海淀区法院对该案作出裁定，责令瓜子即日起停止使用“遥遥领先”“全国领先”等宣传用语[①]。

同年 12 月，同在北京市海淀区法院，瓜子发起法律程序，起诉人人涉嫌虚假宣传和不正当竞争。瓜子认为人人使用“买车 0 首付，三天包卖”等虚假广告语，会误导消费者，构成不正当竞争。要求法院判令被告停止相关宣传，并赔偿瓜子损失 1000 万元。

十一、创新战略

创新是在竞争白热化之际，超越竞争对手最有效的利器。只有不断创新，企业才能成长，行业才能进步。创新是找到市场发展中的痛点，找到有效的解决办法，一举击退竞争对手的有效途径。创新包括模式创新、市场创新、

① 人人车诉瓜子“遥遥领先”，法院到底怎么判？［EB/OL］（2017-12-08）［2019-10-17］. http://dy.163.com/v2/article/detail/D55KAUB3051497QI.html.（引用时有微调）

渠道创新、组织创新等多个层面。创新当然也不是一件简单的事，一是要发现市场难点、痛点，还要找到解决问题的良方；二是要承担巨额研发成本和市场拓展成本；三是要承担创新失败的风险。

在电子商务市场，创新获胜的案例举不胜举。淘宝一路走来，创新不断，市场份额也在持续增长。

- 价格创新。在C2C市场，淘宝是后来者，远远落后于eBay易趣，然而，实行免费策略，令淘宝逐渐变被动为主动，一步步蚕食了对手的市场份额，直至成为市场的绝对领先者。
- 市场范围创新。淘宝联手雅虎日本开拓中日商品网购市场。2010年，淘宝上线“淘日本”，中国网民可以轻松购买日本商品。与此同时，雅虎日本开通“中国商城”，日本网民也可以在线采购中国商品。二者的联动，不仅方便了网民采购国际商品，还提高了平台本身的国际竞争力，为拓展更广阔的国际市场做了有益的探索。
- 沟通创新。淘宝开发了旺旺，方便卖家与消费者的交流，消费者可以与客服针对产品的外观、型号、促销信息等进一步沟通确认，增强了体验，减少了信息不透明而导致的不满意问题。
- 评价创新。为了让消费者全面了解商品和卖家，淘宝推出了用户售后评价。消费者购买后，可以在商品后添加评论，任意发表对商品和服务的看法和体会，为后续购买的消费者提供真实、客观的第三方信息。
- 支付创新。当初，很多用户不敢在网上购买商品，是因为担心资金安全和支付安全。为了解决这一痛点，阿里巴巴推出支付宝，提供第三方支付服务，只有消费者确认收到了商品，支付平台才将货款打给卖家，给消费者提供足够的安全保证。笔者有若干个平台的用户名和密码，其他平台都要求定期更改密码，而且不能与先前密码重复，导致用户记忆密码成了难题。而笔者使用淘宝账户十几年来，淘宝从没要求笔者更改任何密码，账户却一直保持安全状态，媒体上有关淘宝和支付宝涉及用户信息泄露的宣传报道也几乎没有，这是最值得称颂的。

案例：京东的人工智能创新之路

随着人工智能技术在实践领域的探索，电子商务平台也开始涉猎人工智能领域，如阿里巴巴的无人超市已经正式投入运营，京东将人工智能技术更多地与物流相结合。

2019年，在CES（International Consumer Electronics Show，国际消费类电子产品展览会）上，京东在长沙市和呼和浩特市推出了两个智能交付站，并通过无人机和机器人配送，提高配送效率。据悉，京东的送货机器人最多可以装载30个包裹，然后在半径5公里范围内自主运送。车辆可以规划最优路线，避开障碍物并识别交通灯。在即将到达目的地时，后台系统将取货信息发送给用户，用户可选择人脸识别、输入验证码、点击手机App（应用程序）链接三种方式取货。据悉，这款送货机器人已经在北京的大学校园里进行测试。

此外，京东重型无人机也成功下线，该无人机有效载重量将达到1～5吨，飞行距离超过1000公里，将有效解决偏远地区的“最后一公里”问题。

随着实力的不断增强，京东在研发方面投入越来越多的资金。首先，京东引入全球知名的科研人员，涉及云计算、智能供应链、智能物流、物联网等多个领域。人才的引入有助于奠定坚实的科研基础。其次，京东积极推进技术与应用场景的深度融合，从而形成独特的软硬件一体的互联网技术体系。最后，京东成立具有全球视野的研发中心。早在2015年10月，京东就在硅谷建立了一个研发中心，主要开发云计算、大数据、人工智能等技术，提升运营效率，提高消费者体验。京东的一系列科研投入取得了显著成绩，为未来的发展提供了有力的技术保障。2018年，京东的专利申请量已超过3407件。

案例：Vancl（凡客诚品）的服务创新

为了提高体验，让消费者真真实实感受到商品的材质、做工、款式，Vancl推出了“三十天无条件退换货”政策以及“送货上门，现场试穿”服务。这不仅是一项服务，更是一种营销手段，目的是吸引消费者的注意力。与此同时，Vancl 增加了自建物流网络建设，在北京、上海、广州自建配送体系，用以保证客源集中的北京、上海、广州、深圳四个大城市两天内送达。Vancl 的这一举动，虽然增加了企业运营成本，却以坦诚的态度赢得了用户的好评，有助于提升品牌的忠诚度，也会增进用户对商品的了解、信任，提高购买率。

十二、组织架构调整

电子商务市场是一个快速变化的市场，商业业态不断创新，新模式不断涌现，用户需求不断变化，其他竞争主体不断出现并成长。环境在变，用户在变，市场在变，倒逼平台企业不得不及时做出相应调整。企业战略要变，组织结构也要做出相应改变。

阿里巴巴成立 20 年来，历经多次重大组织架构调整。阿里巴巴的每一次组织架构调整，都是基于对未来重大变化的预测，应对环境所带来的机遇和挑战。调整的目的就是更好地整合旗下资源，提高组织运行效率，减少冲突和重复劳动，更有效地执行新战略。近几年，阿里巴巴几乎每年都做一次较大规模的组织架构调整。阿里巴巴 CEO 张勇写给全体员工的信中，每年都提到战略和组织变化的重要性。2017 年他写道："在高速发展的当下，不断升级自我，时刻具备拥抱变化的热情和能力，必须成为核心竞争力！"在 2018 年他写道："我们不仅要拥抱变化，还要主动创造变化，这样才能引领时代的脚步。"

- 2015 年，建设整合组织架构的两个核心关键词是"大中台 + 小前台"和管理者年轻化。大中台的意思是整合阿里巴巴的强大技术和数据能力，为前线提供强大的、标准化的、可共享的、更能满足需求的技术保障。中台事业群下辖搜索事业部、共享业务平台、数据技术及产品部。小前台的意思是面向市场构建更多的一线创新型业务团队，每个前线业务模块都能够根据市场需求灵活反应，及时决策，快速成长。此次调整的目的基于未来大数据和云计算作为基础设施和发展引擎的重要作用，提高公司资源利用效率。年轻化目的是希望阿里巴巴各个业务模块能够更加贴近市场目标人群，更能及时跟进环境的变化。因此，阿里巴巴新选拔了一批“80后”年轻业务骨干担当各业务模块的负责人。

● 2016年，张勇整合了天猫与聚划算，推出“三纵两横”架构。三纵为服饰、家电、快消三大业务板块，两横为天猫和聚划算聚合，成立针对商家的营销平台和运营中心，营销平台为商家提供全域营销服务，运营中心提升中后台的运营能力。组织架构的调整背景在于移动互联网时代来临，消费者使用的终端和浏览习惯、浏览内容都发生了改变。此次的组织调整是变树状组织结构为网状组织架构，加强组织间的协作分工，从而可以在前端针对消费者提供个性化服务，提高消费体验。而在商家端，通过阿里技术服务和商业模式的赋能，可以让商家做到相对统一的生产和服务。此次调整，有利于商家利用阿里巴巴集团的整体生态资源优势，以最小成本、最高效率为消费者提供服务。

● 2017年，阿里巴巴面向未来提出了五新战略，包括新零售、新制造、新金融、新技术、新能源。阿里巴巴还明确了五新战略的“三驾马车”，包括基础设施落地、战略思维输出、生态圈投资拉动。为此，要加大大数据和云计算的投入，将人工智能和新零售的结合作为未来发展的重点，探索型的新零售物种盒马鲜生正式对外发布。为此，阿里巴巴集团新成立两个部门，一是五新战略全球领导小组，统领海外各国大师团队，二是e-WTP（Electronic World Trade Platform，电子世界贸易平台）投资小组，致力于合作伙伴战略投资，形成具有战斗力的全球投资生态。

● 2018年，阿里巴巴集团组织架构升级的关键词是“升级”。一是阿里云升级为阿里云智能，加强技术、智能互联网的投入和建设，构建数字经济时代的智能基础设施。阿里云智能为商家服务的同时，面向全社会开放，为社会提供智能化服务。二是天猫自我升级和裂变为大天猫，形成天猫事业群、天猫超市事业群、天猫进出口事业部三大板块，并且面向社会提供相关服务，包括推动品牌数字化转型、建立超市新零售模式等。

其他互联网公司同样会主动调整组织结构，应对市场的变化。2018年，腾讯就进行了较大规模的组织机构调整，由原先的七大事业群变成了六大事业群（见图 2-1），新成立了云与智慧产业事业群和平台与内容事业群。

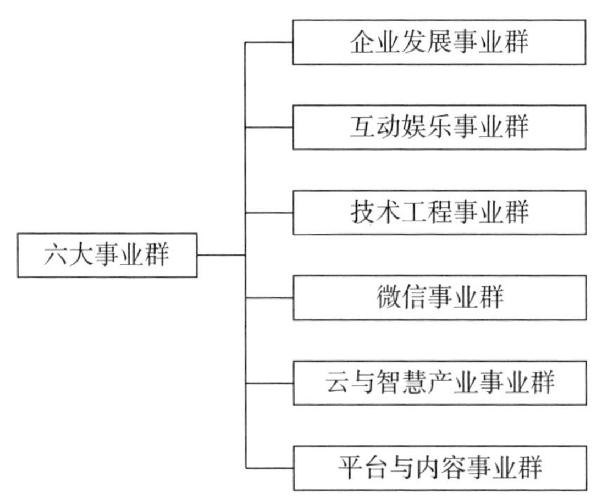

图 2-1　腾讯组织架构调整

在智能时代，随着云计算和大数据等现代信息技术成为未来发展的核心驱动力，新模式、新应用、新业态会不断产生，对市场和竞争都产生重大影响。面对机遇和其他互联网公司带来的严峻挑战，企业必须及时调整战略和组织架构。在保留强势项目的同时，在未来 AI 发展方向上进行重点布局。基于此，腾讯新组建了全新的部门——云与智慧产业事业群，既是探索未来的发展模式，又用来服务公司的其他生态部门。而且更重要的是，此次调整意味着客户圈从C端的消费互联网，扩展到市场更加广阔的B端产业互联网，还有G端政府的需求。马化腾在2018年世界人工智能大会上，表达了产业拓展的原因：“腾讯多年来一直专注做连接。连接人与人的极限就是几十亿个节点，但是，如果连接人与物、人与服务，那么这个规模将会增长到几百亿，甚至几千亿的量级。”事实上，腾讯给市场留下了技术功底扎实的良好印象，如果充分挖掘技术能力，拓展企业和政府市场，将为腾讯带来更加广阔的发展空间。

第三章

竞争特点

1999 年是我国网络零售业的起点，第一家 B2C 平台 8848 网和第一家 C2C 平台易趣网分别诞生，由此揭开了我国网络零售业快速发展的序幕。近 20 年时间里，我国网络零售业从无到有，从小到大快速发展，网络购物已经成为人们日常生活中不可或缺的重要内容。2017 年我国网络零售额达到 7.18 万亿元，相当于当年社会消费品零售总额的 19.62%，增速是社会消费品零售总额增速的 3 倍，显示出强大的发展潜力。网络零售业是数字经济的重要组成部分，不仅自成业态，还作为新动能带动传统制造业转型升级，促进就业创业，改变人们的购物方式。我国网络零售业目前已高度市场化，正是在市场高度竞争的驱动下，平台企业才不断创新迭代，进而带动了整个行业高速发展。分析网络零售业的竞争特点，有助于掌握网络零售业的发展运行规律，方便政府部门有针对性地制订宏观调控和监管政策，推动行业健康发展。

一、规模化是电子商务平台竞争的必然结果

1. 规模化是必然趋势

（1）平台是双边市场

电子商务零售平台是双边市场，拥有两方或多方相互独立的用户群体，其中最基本的两方用户是网商群体和网购人群。电商平台、网商和网购者是共生互赢、相互依赖的关系。借助平台的支撑和服务，网商将商品销售给网购者；网购者借助平台的基础服务，买到心仪的商品；平台通过向网商提供增值服务获得收入（见图 3–1）。

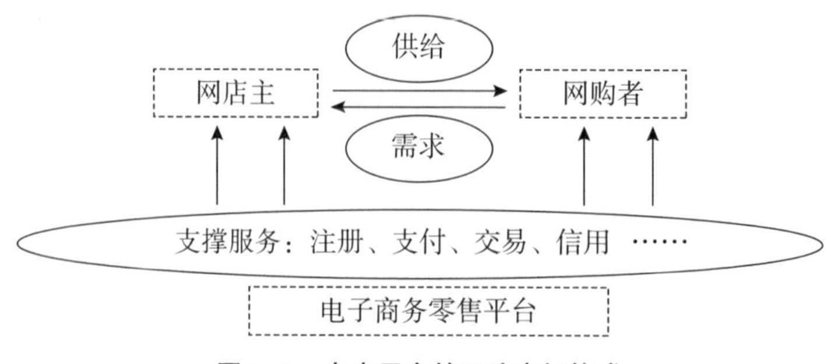

图 3-1 电商平台的双边市场构成

（2）平台经济具有“网络外部性”

电子商务平台具有“网络外部性”，一种类型用户的规模会显著影响另一种类型用户使用平台的效用或价值。以淘宝平台为例，网商数量越多，提供的商品就会越丰富，同类产品竞争就会越激烈，价格就会越低廉，对网购用户的吸引力就越大。同样，平台上的网购用户越多，总体购买力就越强，平台对网商的吸引力就越大。平台上的两种用户互相影响，互相促进，形成独特的“网络外部性”。吴敬琏把平台经济的这种特性概括为“正反馈”，他认为“从经济学角度看，平台经济的一个特性就在于规模形成“正反馈”状态。而且，不但有生产方的规模经济，而且有消费方的规模经济，规模越大越有效，越有效规模变得越大，最终就可能形成很高的市场份额，涉及经济学意义上的垄断”。

（3）平台特性驱动平台的规模化增长

平台的特性导致多方用户数量持续膨胀，越聚越多，呈现规模化发展趋势，也被称作具有集聚性或者“马太效应”。电子商务平台的两方用户互相促进，就会呈现爆发式增长，呈现规模化趋势。实践领域也验证了综合性电子商务平台的规模化趋势，根据财报显示，京东 2017 年活跃用户数增长 29.1%[①]，达到 2.925 亿人。阿里巴巴的数据显示，其国内平台的年度活跃消费

① 京东活跃用户数增速超阿里　看来这份“朋友圈”名单没少发挥作用［EB/OL］.（2018-03-05）［2019-10-17］.https://www.sohu.com/a/224882308_452858.（引用时有微调）

者达到 5.15 亿人次，同比提升 16%。亚马逊卖家报告显示，在 2017 年，其全球 11 个站点共有活跃买家 3.1 亿个[①]，卖家数量更是飞快增长，在 2017 年的前 11 个月，共有 100 万名新卖家入驻，也就意味着每天有 3000 个左右卖家加入亚马逊平台销售产品。

（4）互联网行业的游戏规则同样驱动平台的规模化增长

互联网领域与传统领域的竞争规则不同，创业平台企业在发展前期通常没有盈利，需要依靠风险投资维持运营。风险投资通常偏爱每个细分行业排名靠前的创业公司，因为只有这些公司才有可能在高度竞争中生存下来，并且有更大可能通过多轮融资或者 IPO 上市套现。所以，在平台创业之初，“跑马圈地”、迅速提高用户数量是平台企业最重要的工作。平台吸引用户的有效手段是免费、大范围补贴或者各种促销活动。一旦用户形成规模，平台就可以吸纳各类风险投资。有了资本，平台就可以投入更多资金进行技术研发和商业创新，开展更大力度的营销活动。当用户形成一定规模并且具有一定的忠诚度后，就可以提供各类增值服务，逐步获得收入和利润。

（5）规模化推动平台获得市场优势地位

一旦平台用户规模获得优势，就会将这种优势进行积累，获得更多的客户、资金、人才、政策等各类资源，进而取得更多的机会和进步。这种正向循环能不断提升平台的影响力，直至形成绝对领先地位。互联网领域与传统市场的竞争规则有显著差别，平台企业想要取得竞争优势，必须在该领域迅速做大。“跑马圈地”和“烧钱”在前期通常是必不可少的经营环节。平台一旦成为市场领头羊，就会收获更多的资源支持，包括资金、政策、人才。拥有更多的资源后，平台就有充足实力继续做大或者向其他领域扩张。由于多方用户的不断聚集，平台逐步拥有海量用户，成交量持续放大。电子商务平台因此也会在细分市场具有较高的市

① 2018 年亚马逊和阿里巴巴对比相关数据［EB/OL］.（2018-05-08）［2019-10-17］. https://www.hishop.com.cn/hiscxt/show_53625_8.html.（引用时有微调）

场份额。

一些学者通过实验证明，我国网络零售市场存在幂律分布。俞宣伊（2010）基于复杂网络，以淘宝为例，对C2C电子商务交易网络的演化机制和动态特征进行了分析，发现了C2C交易网络遵循幂律分布，并且规模化效率效益高。叶作亮（2011）基于幂律分布对C2C顾客的购买行为特征进行了研究，发现在C2C电子商务的环境下，顾客的购买行为呈现出长尾分布的特征。高瑞泽（2012）从生态群落的角度研究了电子商务群落之间的竞争关系，并以B2C网站为研究对象，揭示了其市场中存在的幂律分布规律。李杰（2015）的分析结果表明，中国和美国B2C电子商务市场的竞争结构都符合幂律分布特征，即商家的市场份额与其对应的排名成反比关系，少数的商家占据了整个市场中大部分的份额。

2.规模化具有相对性

（1）平台的高份额具有地域相对性

虽然互联网具有无国界性，但是由于语言、习惯等客观条件的制约，在某一区域或某一细分市场的优势地位并不能说明该平台就能雄霸全球市场。如百度国内市场份额为76.36%，是绝对的国内搜索引擎市场老大，但是在全球范围内，百度仅仅排名第三，份额只有8.3%，与搜索引擎巨头谷歌65.44%的份额差距甚远。电子商务零售市场也是如此。2017年，阿里巴巴平台（淘宝＋天猫两个平台）的网络零售总额为3.767万亿元人民币（相当于0.55万亿美元），虽然在我国处于领先地位，但是阿里巴巴全部零售平台的总交易额只占全球网络零售总额2.3万亿美元的24%[①]。

（2）平台的高份额具有时间相对性

尽管某一段时期，电子商务市场份额保持相对稳定，但是从更长的时间

---

① 中国国际电子商务中心研究院．2017年世界电子商务报告［R/OL］．（2018-04-12）［2019-10-17］．http://img.ec.com.cn/article/201804/15233534791/5.pdf.（引用时有微调）

范畴来看，市场份额却在不断变化中，有的平台甚至会从市场绝对第一名的位置下降到彻底消失。纵观我国的网购发展历史，我国第一家 B2C 网络零售平台是 8848，自 1999 年诞生到 2001 年年底都是绝对的市场老大，获得一系列荣誉和商业奖项。然而从 2001 年 12 月起，8848 却一蹶不振，直至最终倒闭。还记得另一家风光无限、号称“中国电子商务 B2C 上市第一股”的麦考林吗？ 2010 年它在纳斯达克上市时引起了业界巨大轰动，然而 2016 年就传来其退市的消息，其网站名称也早已被消费者所遗忘。

在我国的 C2C 领域，早年具有优势的并不是淘宝，而是先于淘宝 4 年就成立并且一直保持优势地位的易趣网。在 2003 年，易趣网还被全球最大的网络零售商 eBay 收购。合并后的 eBay 易趣占据了中国 C2C 市场中 80% 份额，成为绝对的市场老大。然而不过几年，eBay 易趣就被淘宝打败了。

二、电子商务平台的竞争是自组织的过程

电子商务平台的发展和竞争以及整个电子商务生态系统都是自组织的过程，是市场竞争中企业的自我选择。

1. 自组织是根本动力

电子商务平台及平台上的主体之间的合作竞争关系以及环境共同构成了一个商业生态系统。整个平台生态系统的产生、演化和发展是通过自我组织、自我适应实现的。由于外界环境不断变化，平台主体也要根据环境变化相应地调整自己的发展方向、策略和结构，从而适应不断变化的环境。

平台的产生是自组织的过程。创业者发现了未来发展的巨大潜力，才敢于投入资金建设电子商务平台。2003 年春天暴发了非典，很多足不出户的年轻人开始尝试网络购物这种新鲜事物。于是，购物网站迎来了大规模的用户和订单，一些网站的交易额直线上升。这让善于把握商机的马云意识到网络零售市场的巨大商机。2003 年 4 月，阿里巴巴开始进行

平台研发，不到3个月时间，阿里巴巴正式宣布定位于C2C模式的淘宝上线。同时，在网络销售中尝到甜头的刘强东也转型开设B2C模式的京东商城。

平台的每一个战略决策也是自组织的过程。企业制定每一个战略也一定是针对竞争对手或环境的变化，目的是取得更大的竞争优势。2014年8月，爆发了B2C领域最大规模的价格战。京东声称大型家电三年内零毛利，所有大家电保证比国美苏宁连锁店便宜10%以上。随后苏宁和国美纷纷加入电商价格大战。苏宁易购宣布包括家电在内的所有产品价格都低于京东。平台的价格战只是一场营销活动，旨在吸引消费者，打压竞争对手，增加销售额，提升企业市场地位。价格战经过炒作，引起了消费者的广泛关注。网易有道的数据显示，经此一役，苏宁易购的流量涨幅达到706%；国美流量涨幅达到463%；京东流量涨幅达到132%。

2. 他组织是推动力

电子商务平台生态系统在自组织过程中，会出现盲目性、无序性和不平衡性等弊端，而且网络犯罪日益猖獗频繁，犯罪手段向智能化和隐蔽化发展，黑客、病毒、网络诈骗频繁发生，这些问题常常是平台生态系统内部无法解决的，需要政府利用法律和政策手段进行适度干预。如最近我国出台了大量推进农村电子商务方面的政策，就是希望引导各类主体更加关注农村地区的发展，汇聚资源，缩小城乡数字鸿沟。另外，我国从顶层设计到政策法规多个方面都加强了电子商务运营、数据安全保护工作，切实保护平台健康发展。

三、竞争格局处在动态变化之中

1. 进入门槛相对较低

电子商务平台进入门槛相对较低。一是平台前期建设成本低，周期短。

平台建设之初，只要有好的想法，极少的开发和运行人员就可以实现平台上线运营。二是互联网领域持续成为投资热点，获得天使投资和风险投资相对容易。三是政府一直鼓励创新创业，尤其是互联网高科技行业的创业行为。正是由于进入门槛低，一旦发现较好的商业模式，模仿者就会蜂拥而上，从而出现大量同类型网站。

2008 年，美国 Groupon（高朋）网站上线，在短时间内获得成功，国内也随之大规模出现类似的团购网站，并且在 2010 年初大爆发，呈现百团大战态势。2012 年团购网站数量一度达到顶峰，最多时全国有 6000 多家团购网站。

2007 年下半年，受服装直销网站 PPG 快速成长的启发，低门槛的“轻资产”商业模式也很快吸引众多效仿者。衬衫直销网站如雨后春笋般涌现出来，仅网络销售男士衬衫的企业数量就猛然增加到 30 多家。

2. 市场处于高度竞争之中

从电子商务概念引进中国以来，电子商务平台服务业一直是高竞争领域。平台企业为了生存、为了上市、为了做市场老大，纷纷使出浑身解数争夺用户，争夺市场份额。平台采取各种各样的竞争策略，包括实施开放、多元化、国际化战略，实施商户免费战略，实施商品价格战策略，构建平台商业生态，等等。电子商务市场的竞争是常态，老对手被打败后，又会出现新对手。旧模式正在发展中，新业态又已经悄然崛起。

在细分市场的各个发展阶段，都存在不同的竞争目标。在引入期，创业者群雄逐鹿，为了早日获得行业翘楚位置，不得不大规模“烧钱”，“跑马圈地”，因为只有排在前面，才有可能获得更多的风险资本，才有可能继续生存下去。共享单车补贴大战就是最好的佐证。在成长期，企业需要快速扩张，采取多元化和开放战略，拓展市场版图，广泛联合，建立合作伙伴关系。在相对成熟期，企业为了获得稳固的市场地位和更大的交易额，比拼的是商品的价格和优质的服务，以及商业生态系统的把控能力和稳定性。

京东最早是单纯的B2C模式，但是这种模式扩展速度慢，面临库存积压风险，产品品种少导致销售额和流量少。2010年，京东实施开放战略，大规模引入第三方商家，截至2010年年底，京东商城上的联营商品数量已达到数万种，覆盖家居、鞋帽服饰、钟表首饰、化妆品、图书等品类。京东开放平台战略取得了非常显著的效果，2011年，京东开放平台的销售额达到30亿元左右，2012年的销售额在140亿元左右，增长率约达300%以上。2013年，京东商城改名京东，目的是去商城化，更好地执行开放平台战略。2014年底，开放平台销售额超过1000亿元，占比达到39%。2016年三季度，京东开放平台销售额完全超越自营部分。

为了应对不断变化的竞争，平台服务商只有不断地改变，进行创新，才能在变化的环境中取胜。2008年9月，淘宝面临与老对手拍拍和易趣网的竞争，又面临新对手百度"有啊"的威胁。在严峻的竞争形势下，马云宣布实施大淘宝战略，紧锣密鼓地采取了一系列行动，在业内外进行强强联合，意图构建一个开放、透明、共享的电子商务平台，打造一个集生产、批发、零售、消费、服务等业务全覆盖的电子商务生态网络。表3–1列举了2009年的淘宝扩张图[①]。

表3–1　　淘宝扩张图

路径	方式	内容
战略层面	大淘宝战略	开放、共享、平台、服务。整合资源，提供全覆盖的一站式服务
内部资源整合	淘宝、支付宝、阿里云计算、中国雅虎	形成一条"制造—批发—零售—支付—服务"的完整产业链条

① 叶秀敏．中国电子商务发展史［M］．太原：山西经济出版社，2017.

续表

<table>
<tr><th>路径</th><th>方式</th><th>内容</th></tr>
<tr><td rowspan="3">业务形式扩张</td><td>拓展 B2C</td><td>开通淘宝电器城；淘宝商城运营，吸引优衣库、李宁、百丽等知名品牌开设官方旗舰店</td></tr>
<tr><td>增加官方机票直售</td><td>与东航合作，覆盖旅游市场，实施机票直销</td></tr>
<tr><td>增加保险销售业务</td><td>与多家保险公司形成合作关系</td></tr>
<tr><td rowspan="5">渠道扩张</td><td>进军线下零售</td><td>授权副食品店、超市、连锁店、校园店等为淘宝官方授权代购店</td></tr>
<tr><td>布局无线互联网</td><td>推出内嵌淘宝功能的定制手机</td></tr>
<tr><td>视频购物</td><td>与优酷、56 网等视频网站签署战略合作协议，向卖家提供商品的视频展示服务</td></tr>
<tr><td rowspan="2">媒体的合作</td><td>联合湖南卫视，覆盖电视购物，设立专门的潮流购物频道</td></tr>
<tr><td>与浙江日报集团合作，推出淘宝杂志《淘宝天下》</td></tr>
<tr><td rowspan="2">价值链合作</td><td>发布了“淘里淘外”系统</td><td>自建平台与淘宝之间的平台数据进行无缝对接，共享淘宝的数据和用户资源</td></tr>
<tr><td>推出“淘宝合作伙伴（Taobao Partner）计划”</td><td>签约 20 多家服务商，整合 IT、渠道、服务、营销、仓储物流等服务商加盟电子商务生态链</td></tr>
</table>

3. 市场处于动态变化中，新旧快速更替

在我国电子商务发展的二十几年中，市场竞争可谓无时不在，竞争的主角也瞬息万变。变，成为市场竞争的主旋律。变，体现在市场占有率的变化上。为了争夺市场占有率，平台企业必须根据环境进行更多的自身变革，创新商业模式，创新服务内容，创新组织结构，创新渠道和营销方式。

以 B2C 市场为例，看看市场龙头的快速变化。1999 年至 2003 年，8848 是市场的绝对龙头，同期的竞争对手还有 E 国、当当、卓越网。2004 年，卓

越网以 520 万[①] 用户成为市场第一。2006 年底的时候，当当已经超过卓越网，处于领先地位，二者占市场份额共计 28%。2008 年底，“黑马”京东商城以 17% 的市场占有率雄居榜首，卓越亚马逊（12%）和当当（12%）并列第二。2010 年淘宝商城异军突起，快速占据 28.5% 的 B2C 市场份额，京东商城、卓越亚马逊和当当市场份额全都受到严重挤压，分别为 11.0%、3.0% 和 2.4%。2011 年，天猫继续攻城略地，市场份额达到 53.3%。2012 年，天猫市场份额增至 52.1%。从表 3–2 可以看出，10 年间，B2C 的老大地位四易其主，而中间几次变化的时间间隔仅为 2 年。

表 3–2　　B2C 龙头企业平台名称变化

时间（年）	B2C 市场份额第一的企业
1999	8848
2004	卓越网
2006	当当
2008	京东商城
2010	天猫

再看 C2C 领域，早在 2003 年前，市场中根本没有淘宝一席之地，eBay 易趣占据了中国 C2C 市场 80% 的份额。淘宝上线之初，根本竞争不过 eBay 易趣这个强大对手。淘宝创新地提出免费战略，免除了商家的开店费、交易费。而当时在 eBay 易趣上开店，却需要缴纳会员费和 2% 的交易服务费。淘宝借免费战略迅速获得大量商家和用户的拥戴。截至 2003 年年底，淘宝在半年时间里一共吸收了大约 30 万名注册会员，其中还包含了一部分从 eBay 易趣搬家过来的会员。淘宝乘胜追击，实施消费者先行赔付计划，解决消费者网购的后顾之忧。仅用 2 年时间，淘宝的市场份额就一举超过实施收费策略

① 叶秀敏 . 中国电子商务发展史［M］. 太原：山西经济出版社，2017.

的 eBay 易趣，随后淘宝继续保持快速增长态势。

移动电子商务领域竞争更是激烈。根据极光大数据统计，截至 2007 年 12 月底，各大电子商务 App 渗透率在一年间发生显著变化，拼多多的渗透率暴涨了 1507.6%，挤进前三名；而天猫商城的渗透率同比降低了 9.2%（见表 3–3）。

表 3–3　　移动电子商务 App 渗透率（2017 年 12 月）

移动电商平台	渗透率	增长率
手机淘宝	53.40%	7.70%
手机京东	20.70%	33.80%
拼多多	19.00%	1507.60%
唯品会	15.67%	22.40%
天猫	7.97%	–9.20%

资料来源：极光大数据。

4. 个体死亡甚至是局部崩溃现象时有发生

电子商务作为一个复杂商业生态系统，同样存在由于盲目竞争，某一细分领域的一部分电子商务平台主体灭亡，即出现局部市场崩溃的现象。网民应用、政策调节、网站数目增速、“烧钱”速度、网站盈利能力、资本的支持力度都是导致系统崩溃的重要因素。2001 年到 2003 年是全球互联网诞生以来的首个泡沫期，表现为互联网平台企业出现倒闭潮，纳斯达克网络股票价格一泻千里。我国同样未能幸免，CNNIC 历年统计报告汇总的中国网站数量的真实数据显示，2001 年 1 月的网站数目在半年里从 2000 年 7 月的 27289 个，飞涨到 265405 个，增长了 872%。随后，互联网系统发生小规模崩溃，2001 年 7 月的网站数量降到 242739 个，降幅达到 8.54%，是有史以来第一次出现负增长，紧接着缓慢恢复。这一时期，消失的电子商务网站有知名度较高的 8848 等。

2012 年团购网站竞争达到白热化，最多时全国有 6000 多家团购网站。然而由于缺乏好的商业模式，同质低价竞争残酷，2014 年有 5376 家[①] 团购网站关闭，倒闭率达 86%。当前，存活下来比较有影响力的团购网站只有美团和聚划算。

2008 年和 2009 年，是我国 B2C 快速发展的两年。细分市场崛起，尤其是服装直销市场异常火爆，2009 年服装 B2C 交易额达到 24 亿元。有代表性的服装直销平台有 PPG、凡客诚品、优衫网、BONO、玛萨玛索、仕族、麦网等。然而，没过几年，服装直销网站都由盛及衰，尤其是 PPG 短时间由辉煌到人去楼空的案例，值得业界认真总结和深入思考。PPG 率先采用“轻公司”形式，创造了一种互联网直销和敏捷制造有机结合的商业模式。但是，由于公司战略、团队、运营等诸多方面都存在问题，致使 PPG 最终以倒闭而告终。整个服装网络直销行业也开始走上颓势。

2016 年起，生鲜电商迎来发展高峰期，最多时曾经有 4000 多家[②] 平台企业入局。然而由于生鲜产品的标准化、冷链物流、客户服务等问题一直无法解决，导致企业运营成本高，风险高举，鲜有平台能够盈利。仅 2016 年至 2017 年，就有 14 家生鲜电商企业倒闭，包括知名的鲜品会、许鲜网等。

四、创新是驱动成长的关键要素

从电子商务发展的历史来看，创新是电子商务平台产生并持续成长的动力，创新也是改变竞争格局的驱动因素。在互联网发展初期，新浪、搜狐、网易、TOM、中华网、8848 等都曾经是中国互联网平台经济中的翘楚。然而，随着用户需求和环境的变化，有些平台并没有与时俱进，逐步出现倒退，甚至是被市场所淘汰。平台企业只有不断创新，紧跟技术前沿，追随用户的需求，适应环境的各种变化，才能长盛不衰，屹立于平台

① 数据援引自电商大数据网站，引用时有筛选。

② 冰火两重天　看生鲜电商如何突围？［EB/OL］.（2017-04-08）［2019-10-17］. http://www.100ec.cnzt/sxtw/.

经济的潮头。

电子商务平台的创新，不仅包括技术创新，还包括组织创新、产品和服务创新、市场创新以及生态创新。环境在变，如果平台企业没有洞察变化，及早创新，势必会被市场淘汰。相反，只有不断改变，平台企业才能在激烈的竞争中取得优势。各种创新不断累积，才能推动整个电子商务生态系统不断优化，健康地向前发展。电子商务平台企业应时时具有危机意识，将创新作为运营的常态。通过创新满足消费者的需求，解决电子商务发展的瓶颈问题，边突破边成长，从而更好地适应环境的发展。

拼多多能够迅速挤进移动电子商务三强的一大创新举措就是与社交网络的融合。网购者通过在社交网络平台分享商品链接，形成拼单，获得更低的商品价格，无形中也吸引更多的网购者加入平台，实现聚集效应。

阿里巴巴一路摸索前行，成为电商行业的巨头，也是一路创新而来。2003 年，非典让马云看到了网络购物的发展前景，于是推出了淘宝，目前淘宝已经成为阿里巴巴电商平台生态的最核心物种。同是 2003 年，刚上线的淘宝创新地推出免费开店战略，使得淘宝迅速占领 C2C 市场。2004 年，为了突破网络购物的支付瓶颈，彻底解决支付安全问题，阿里巴巴推出了支付宝。2009 年，为了解决售后服务难题，淘宝宣布，设立 2000 万元网购保障基金，并在年内启动淘宝全网购物保障计划，针对消费者先行赔付，减轻消费者的后顾之忧。2010 年，在淘宝面临假冒伪劣诟病之际，阿里平台推出淘宝商城（后改名天猫商城），通过 B2C 模式，吸引品牌商加盟，提高商品品质，改善服务质量。在技术创新方面，阿里巴巴同样没有落后。2015 年和 2016 年，连续两年的专利申请数量分别超过 3000 件[①]。在世界知识产权组织公布的 2017 年提交国际专利申请的统计排名中，阿里巴巴在全球高科技企业排名中进步 4 位，以国际专利 707 件排名第 28 位。

---

① 阿里专利数量赶超美国科企 蚂蚁金服立大功［EB/OL］.（2018-06-01）［2019-10-17］. http://finance.sina.com.cn/stock/usstock/c/2018-06-01/doc-ihcikcew3323450.shtml.（引用时有微调）

京东在发展的路上同样坚持创新。京东商城最早以自营家电和电脑起家，为了快速占领市场，提高消费者服务体验，京东提出了多元化和开放战略，不仅增加了商品大类，还吸引了更多商家入驻。京东还为第三方合作伙伴开放物流，实现资源的最优配置，缩短快递时间。京东在金融领域进行创新，推出“白条”服务，刺激购买行为。为了助力扶贫工作，京东还开设扶贫频道，提供一系列助农扶贫服务，如“京农贷”是专为农户和涉农企业提供的贷款服务；“暖东公益”是京东公益互联网资金募捐平台；“扶贫众筹”可通过众筹，辅助贫困户销售农产品。

第四章

我国电子商务发展趋势

一、前景光明

消费在我国经济社会生活中发挥越来越重要的作用。首先，消费已经超越投资和出口，成为拉动我国经济增长的最主要因素。2017 年消费对经济增长贡献率达 58.8%①，全年社会消费品零售总额达到 366262 亿元，比上年增长 10.2%。其次，消费能带动相关产业的生产和繁荣发展。以信息消费为例，到 2017 年，中国信息消费规模已经达到 4.5 万亿元，占最终消费支出比重达到 10%。最后，消费能够满足人民群众日益增长的物质和文化需求，使人民群众享受美好生活，获得幸福感。

在满足消费的零售领域，传统电商和传统零售业都相继遇到了瓶颈。传统电子商务零售额增速逐年减缓，国内网络零售交易增速从 2012 年的 67.5% 降到 2017 年的 32.2%；网络购物在网民中的渗透率已经达到 69.1%，逐步接近天花板，网民人口红利即将消失；流量成本居高不下，致使一些小企业无法承受过高的运营支出；电子商务在产品质量、售后服务、购物体验、信息安全、物流配送方面的问题尚未彻底解决；生鲜产品与百姓的生活息息相关，是高频率的购买产品，然而生鲜领域的标准化和仓储配送问题依然是发展中无法逾越的鸿沟。传统零售领域同样面临困局，土地租金和劳动力成本持续上升，消费持续向线上转移，渠道竞争激烈，导致零售门店生意难做，倒闭现象时有发生。

网络零售和传统商业零售是完全不同的两个商业业态，并且是完全冲

① 数据援引自国家统计局官网，引用时有筛选。

突的两个业态。传统商业零售认为网络零售夺去了本应该属于它们的市场，网络零售认为传统商业零售没有跟上互联网时代的节奏。这两个市场几乎是完全不同的运行规则，很难实现大规模跨越。

2017年，新零售概念掀起热潮，为传统电商和传统零售带来转型曙光，成为跨越鸿沟的突破口，为未来转型指明了发展方向。新零售不仅仅是指电子商务零售，未来单纯的电子商务平台可能并不像今天的天猫和京东一样具有优势，纯电商时代即将消退；新零售也不是简单的电子商务+实体店，这种模式并不能解决一切瓶颈问题；新零售更不是指应用人工智能刷脸付费的无人店铺。融合是新零售的关键，融合更应该是电子商务的发展方向。

融合体现在多个方面，一是线上与线下的融合，二是电子商务与制造业的融合，三是电子商务与金融和物流等服务业的融合，四是电子商务与新技术的融合，五是大数据与用户需求的融合，六是电子商务与多场景的融合，七是电子商务与多入口的融合，八是电子商务与国际资源的融合。这些融合不是两两因素的简单叠加，而是多因素间的互相渗透。全方位化学反应的发生，最终会迸发出新的业态，产生新的动能，变革整个产业链条，提升交易效率，给消费者带来全新的体验。这些融合推动电子商务突破瓶颈，启动全新的快速发展周期，构建全新的商业生态。

只有准确判断电子商务零售行业发展的趋势和内在规律，才有可能把握变革中的机遇，结合自身的能力顺势而为，才有可能从残酷的市场竞争中脱颖而出。

1. 线上和线下的融合：实体店与网店的融合

（1）电商平台和实体店都面临发展瓶颈

改革开放以来，我国传统零售业引入国外商业经营模式，零售业格局呈现多元化发展。由于我国地域辽阔，各地发展不均衡，零售业又呈现碎片化特征。当前，我国传统零售业仍然存在一些问题，一是组织化程度低，发展方式粗放，成本高，效率低，市场缺少龙头企业；二是运作不规范，产品品质和服务质量提升较慢；三是布局不合理，存在重复建设和低水平竞争问题；四是商品品种少，有效供给不足。2015 年，传统零售业态利润出现下滑趋势，连锁百强企业的销售增幅下滑 4.3%，年净利润仅有 1.8%。根据联商网的不完全统计，2016 年全年，在中国的百货、购物中心以及大型超市业态中，46 家公司共关闭了 185 家门店。品牌商的门店也不乐观，美特斯邦威 3 年内关店 1600 家，波司登关店近 550 家。

电子商务零售在经历近 20 年的快速发展后，也面临瓶颈问题。一是用户数量红利即将耗尽，获取新客户成本居高不下；二是电子商务零售品类受到局限，目前仍以服装、家电类商品为主，而居民消费频率较高的生鲜产品和单价较高的汽车等商品很难突破；三是电子商务依然面临产品质量、售后服务、消费者体验、信息安全等问题的困扰。2017 年，相继有许鲜、彼岸、绿盒子等一批电子商务平台企业由于资金链断裂而倒闭。

（2）融合成为破局的突破口

商业数字化：线上线下双向融合。

虽然传统零售业与电子商务零售业都面临发展瓶颈，但是各自都具有独特的优势。传统零售业仍占据中国零售市场绝对优势，交易总额占比达 85%。实体店获客成本低，生鲜客户购货频率高，产品展示效果好，无须快递。此外，实体店在售后服务、消费者体验、店铺信用、交易安全等方面具有优势。电商平台与实体店的优势形成互补，具有无地域限制的巨大客流和无限的产品展示空间，可以 7×24 小时与用户互动，交易流程快速便捷，大数据应用能力强。

虽然零售的网络化是大势所趋，但是实体店拥有重要的生存价值，其在整个商品流通和交易过程中发挥诸多作用。

- 实体店可以作为电商平台物流配送的一个节点，解决物流配送“最后一公里”问题，尤其是生鲜产品的仓储和配送。
- 实体店可以作为客户服务的一个窗口，提高用户的满意度和信用水平。

- 实体店可以作为培养用户、教育用户的一个窗口。
- 实体店可以作为个性化商品和高价值商品展示和订购的窗口。

在大数据的帮助下，实体店可以获取消费者的画像和消费倾向。通过周到细致的服务与消费者建立情感和信赖，成为消费者值得托付的“贴心管家”。

- 定期提醒消费者需要购买的生活用品。
- 为消费者提供促销信息，有针对性地提供产品信息。
- 帮助消费者下单，接收货物，送货到家，提供售后服务。
- 就日常生活中的琐事提供服务，如临时照顾放学的儿童，替出差的住户浇花，等等。

未来的实体店融入电子商务等新元素，将成为消费者的一种生活方式。实体店不仅仅是交易场所、物流取货点，是一个生活场景、一种生活方式，更是满足消费者物质和文化需求的一个平台。消费者在这些场景中，不是简单的购买者，也是文化和社交的消费者。

- 实体店可以成为时尚的消费场所。消费者可以通过网络预约，来到实体店参加新品发布会，现场体验，无形中搭建了连接品牌的亲情纽带。
- 实体店可以成为社交体验场所。消费者可以约上三五个好友，在实体店喝杯咖啡，品尝美食，谈天说地。
- 实体店可以成为家庭消费的一种生活方式、娱乐休闲场所。一家人购物之余，顺便在店里享受美味佳肴，参加健身和游戏活动，其乐融融。
- 实体店也可以成为文化消费的中心。消费者可以在实体店里参加新书发布，看场电影，参观工艺品或者是茶艺文化展，消费者在吸收文化、提升品位的同时，形成品牌忠诚度和消费倾向。

可见，实体店与电商平台的融合，将在流量上实现互补，在产品大类上实现互补，在消费者体验上实现互补。电子商务虚拟空间与实体店物理空间融为统一卖场，满足消费者各种物质和文化需求，将成为新零售行业发展的新方向。这种融合是一种双向、主动融合，是零售生态的重构，意味着零售商业资源的重新整合和价值最大化。银泰百货与阿里巴巴合作后，融入在线服务因素，进行资源整合，再造企业线上和线下的流程。银泰百货经过数字化改造后，企业竞争能力显著提高，销售情况有了明显改观。2018 年天猫“六一八”期间，银泰百货全集团销售额实现翻番，其中主推的定时达服务环比增长超过 50%。

案例：大润发与互联网的融合

2017 年 11 月，阿里巴巴投资 189.9 亿元人民币入股高鑫零售，成为其第二大股东。高鑫零售旗下拥有“大润发”“欧尚”等多家实体零售企业，阿里巴巴与大润发开展了紧锣密鼓的项目合作。2018 年 6 月，大润发宣布，已经对全国 100 家门店完成改造，每家门店都与天猫网店对接，并且与天猫合作开展一系列促销活动。

大润发实体店被改造后，发生了显著变化。

第一，解决了生鲜商品网络销售难的瓶颈问题。大润发在手机淘宝的“淘鲜达”专区上线了 100 家门店，以门店为中心三公里以内的线上交易，最快半小时就可以送达，并且满 29 元免邮。这项服务极大方便了消费者，使其足不出户就可以在超市购买日常生鲜食品，既方便，又放心。大润发接入手机淘宝“淘鲜达”流量入口两个多月，在该渠道上的每个单店的日均线上订单已经达到了 1000 单左右，平均客单价是 70 元，活动高峰时期可达到 5000 单[①]，每个月的环比增长都能达到 100%。截至发稿前，大润发优鲜手机应用注册会员数超过 100 万人，其中 33 万为活跃会员，每名活跃会员购买次数超过 4 次。

第二，二者合作最大的好处是可以快速实现线上和线下互相引流，促进用户资源在二者之间的转化，快速进入对方市场。凯度消费者指数

① 数字经济智库发布《中国新零售之城竞争力报告》[EB/OL].（2018-10-19）[2019-10-18]. http://www.china.com.cn/opinion/think/2018-10/19/content-66995536.htm.（引用时有微调）

调查数据显示，在快速消费品领域，淘宝和高鑫集团的用户重合度只有10%。融合有助于二者迅速进入对方市场，将对方用户转化为本方资源。优惠促销活动促进融合的快速推进，在大润发门店单笔购物满120元，可以获得20元天猫红包，在天猫上亦可花费0.01元购买大润发5元优惠券。

第三，网络热销产品也在店里展示，帮助消费者接触更多质优价廉的商品，如三只松鼠、良品铺子、百草味等天猫网红商品。

第四，线上和线下融合，提高了运营效率。大润发的各项业务都围绕用户和订单完成。订单和淘宝平台对接，配送和盒马鲜生对接。每一项订单在系统内实时传递给责任人，使得相关工作人员在第一时间能够接到订单信息，及时处理，实现人、货、场流程的最优化。大润发表示，最早完成改造的上海闸北店单店坪效整体提升了30%。

第五，大数据赋能，帮助实体店决策，提高运营效率。通过与淘宝对接，大润发能够清楚地获得每个门店所在社区的用户构成、消费能力和消费习惯。根据大数据分析结果，及时调整货源和进货周期，最大限度满足用户需求，同时避免库存和损耗。

（3）电商和实体店的融合势如破竹

截至2018年“双十一”购物节前，落地各城市的天猫新零售智慧门店已达20万家；天猫超市1小时达进驻21城，覆盖上万个天猫小区；盒马鲜生全国开店数达87家；超过380座城市开通了支付宝城市服务[①]。不仅如此，京东和阿里巴巴还宣布整合小卖部、夫妻店等小微零售资源，实现线上和线下资源的融合。阿里巴巴称一年内要开10万家天猫小店，京东称五年要开100万家京东便利店。

---

① 王毓婵．被阿里投资半年后，大润发开始用阿里的渠道线上卖生鲜［EB/OL］.（2018-06-15）［2019-10-18］. http://www.qdaily. com /articles/54236.html.

跨界融合也受到政策层面的极大支持。基于“互联网 +”行动计划，于2016 年 11 月，《国务院办公厅关于推动实体零售创新转型的意见》(国办发〔2016〕78 号)(以下简称《意见》)发布，推动零售业线上线下融合发展。《意见》强调：“建立适应融合发展的标准规范、竞争规则，引导实体零售企业逐步提高信息化水平，将线下物流、服务、体验等优势与线上商流、资金流、信息流融合，拓展智能化、网络化的全渠道布局。”《意见》还鼓励零售企业进行战略合作，“鼓励线上线下优势企业通过战略合作、交叉持股、并购重组等多种形式整合市场资源，培育线上线下融合发展的新型市场主体”。

各地政府也积极推动新零售发展，纷纷密集出台促进新零售发展的政策。《上海市着力优化营商环境 加快构建开放型经济新体制行动方案》旨在把上海打造成为营商环境最完善的城市。从 2017 年开始，上海连续 3 年滚动实施 90 项总投资达 793 亿元的商业转型升级重点项目，推动零售业态的线上和线下深度融合。2018 年年初，福州率先把“新零售之都”写入政府工作报告，在提升现代服务业方面，支持阿里巴巴、盒马鲜生等新零售业态发展，打造全国知名的“新零售之都”。

(4)电商和实体店的融合是业态的创新之举

电子商务平台与实体店的融合不是简单的一加一，而是二者优势的深入渗透，是商业模式和组织方式的提升，是商业空间的扩张，是一种全新的业态。它是利用大数据、人工智能等现代科学技术对零售资源的高效整合，是全渠道的资源共享，是价值链体系的重新梳理和流程再造，从而提高运营效率，满足消费者个性化和多样化需求。线上和线下融合的过程，也是消费者关系重构的过程，将购物、餐饮、物流进行一体化整合，能极大提升消费者的购物体验。

- 电子商务平台与实体店品牌的融合。大电子商务品牌整合小的实体店铺，店铺统一形象，让消费者产生归属感。
- 电子商务与实体店流量和用户资源的融合。二者将线上和线下用户数据有机融合，打通用户数据，推动线上用户参加线下体验，提供完善的供应链服务，线下用户通过线上获得更多的商业信息，选购更多的商品，优化消费者消费体验。

● 大数据、用户需求与实体店的融合。大数据赋能实体店，预测消费者需求，为消费者提供有针对性的一站式购物服务。

● 物联网、人工智能等高新技术与实体店高效管理的融合。通过实体店内的摄像头，“识别”消费者在店内活动区域、选购过程，并形成数据，优化商品组合、产品陈列位置以及功能区设置。

● 通过信息技术，改造实体店的业务流程，对接线上平台资源，提升供应链快速反应能力，精准地为用户提供个性化服务，目标是实现零库存。

案例：盒马鲜生

2016 年 1 月，阿里巴巴推出线上线下一体化的生鲜超市与餐饮店结合体——盒马鲜生。目前已在上海、北京、宁波、深圳开出 15 家门店，其线上订单占比均超过 50%，且线上用户转化率达 35%，实现用户月购买次数达到 4.5 次，坪效是传统超市的 3 ～ 5 倍。① 盒马鲜生是电子商务与实体店有机结合的典型案例。

● 盒马鲜生既有实体店，也有在线商店。消费者既可以去店里选购，也可以在手机上浏览下单。

● 盒马鲜生首先实现了连接。盒马鲜生利用互联网，将蔬菜供应商、厨师、消费者连接到统一大平台，使得信息更加透明，实时进行传递。

● 盒马鲜生实现了资源整合和配置。它统一了线上和线下会员、库存管理、商品价格、全渠道营销，实现了资源的最优配置。

● 盒马鲜生融合“电子商务 + 超市 + 餐饮 + 仓储”业态，提升消费者体验。消费者既可以现场选购生鲜产品，在盒马 App 上浏览视频学习菜肴制

---

① 争霸新零售——详解国内外巨头的新零售战争系谱［EB/OL］.（2018-01-08）［2019-10-18］. http://www.sohu.com/a/215280489_218070.

作方法回家烹饪，也可以选购食材请厨师现场加工，在干净、舒适的环境下品尝，与厨师交流烹饪技巧。消费者还可以在线上选购，由就近的实体店配送到家。“电子商务＋超市＋餐饮＋仓储”的集成模式提升了物流效率，改善了消费者体验。

● 盒马鲜生实现了高效物流。盒马鲜生利用信息化软件提升了价值链全流程的运转效率，实现了整个商品运输线路的智能优化。消费者下单30分钟内，盒马鲜生就可以将生鲜产品运送到五公里范围内的消费者手中。

● 盒马鲜生主打商品以生鲜食品为主。虽然产品大类专一，但是细分类目丰富，商品来自全球103个国家，超过3000种，基本能满足消费者饮食需求。此外，店内还设有百货区，满足人们的其他需求。

● 在产品上做精、做透。盒马鲜生将新鲜的商品做成小包装及时配送，让家庭可以按需采购。商品采用精包装，可以附加烹制调料，消费者可以选择原料、半成品或成品。

● 增强社交能力，增强消费者凝聚力和产品推广力。盒马鲜生鼓励消费者将做好的菜肴图片分享到社群，这样既可以满足消费者制作佳肴的成就感，又可以推动产品的销售。

● 源头直采，降低价格。盒马鲜生直接在原产地选购优质产品，减少了中间环节，所以在保证菜品新鲜度的前提下也降低了价格。

● 把线下门店和线上销售的数据进行汇集处理，通过深度挖掘消费者数据选择商品。盒马鲜生的所有直采产品都以用户大数据分析为基础，每一件商品都基于用户的需求采购，提高了商品周转率，减少了库存。

● 增加智能化设备，提高生产效率。盒马鲜生在店内部署自动化设备进行自动分拣，减少消费者从线上下单到收货中间的时间周期。

● 为消费者提供附加服务。盒马鲜生还为消费者和社区居民提供电池、灯泡、雨伞、姨妈巾等日常产品和服务，满足消费者对应急产品的需求。

2. 电子商务与制造业的融合

（1）制造业转型升级迫在眉睫

经过几十年的高速发展，我国已经成为制造大国。由于商品经济的高度发达，我国已经从卖方市场转变为买方市场。部分企业低端产能过剩、有效供给不足，出现库存积压、效益下滑甚至倒闭等问题。中国传统制造业迫切需要走出困境，也需要从制造大国向制造强国转变。然而，市场上同时也出现了一种现象：大量中国游客在欧美购买高档奢侈品，在日本购买马桶盖和电饭煲，在韩国购买化妆品和服装，即所谓的“需求溢出”现象频繁涌现。据国家统计局数据，2017 年我国居民境外消费额超过 2000 亿美元，其中至少一半用于购物。 这些迹象表明，并不是国民需求不旺，而是我国企业生产出来的产品或者服务不能满足需求，导致出现供需矛盾。正如“十九大”报告指出：“我国社会主要矛盾已经转化为人民日益增长的美好生活需要和不平衡不充分的发展之间的矛盾。”

产生供给和需求割裂的矛盾有三方面的原因：一是购买力水平提高，消费者的生活方式、消费理念和消费需求都发生了根本变化，消费向个性化、多样化、品质化、品牌化等多方向转变；二是企业受传统生产性思维桎梏，没有跟上市场和环境变化的步伐，导致有效供给不足，抑制了消费的爆发，传统的垂直型封闭式价值链组织方式已经固化，缺少标杆、资金和人才，转型难度较大；三是供需双方信息不透明，缺少直接沟通的媒介和桥梁，造成供求割裂。

此外，传统企业的销售模式也在发生改变。在传统经济条件下，生产者将产品批发给大的经销商，经销商再批发给下一级批发商、零售商，直至经过店面卖给消费者。近年来，随着全球电商市场逐渐成熟，中间渠道商数量在逐渐减少，更多的小经销商和消费者直接与生产企业发生采购行为，订单呈现碎片化趋势（见图 4–1、图 4–2）。

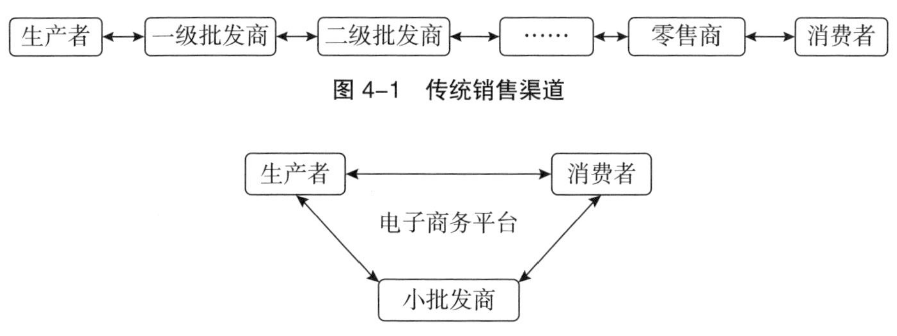

图 4-1 传统销售渠道

图 4-2 电商背景下的销售渠道

案例：奥利奥利用平台赋能，进行创意营销

饼干品牌奥利奥是 2016 年开始与天猫合作营销的。通过电子商务平台赋能，品牌商让一些创意想法落地，提高消费者的体验，从而实现了销售收入。

首先，在形式上，奥利奥采取了创新玩法，采取定制模式满足用户个性化需求。天猫平台赋能，用户能够在线选择饼干的材料、味道、颜色、形状等，从而定制一款专属于自己的饼干。2016 年 5 月，奥利奥与天猫合作的缤纷填色装正式上线，超级品牌日三天成交额达 600 万元。奥利奥还在天猫超级品牌日发起了一项“全球最大饼干盒填色涂鸦”的吉尼斯挑战，并且推出了 6 款消费者可以定制的填色包装，通过品牌提供的 108 款不同的创意贴纸，你可以自由发挥想象力，把自己的照片和这些贴纸一起加工，就能定制个人专属的奥利奥包装。

2017 年，“奥利奥定制音乐盒”再一次震惊全行业，2 万台奥利奥定制音乐盒在阿里零售平台瞬间售罄。奥利奥在天猫上售卖一款可以“边吃饼干边听音乐”的音乐盒，把饼干放在盒子里，咬一口就可以换一首歌。这实际上是根据广告公司 FCB 上海在 2016 年的一个创意而来——用饼干当唱片，把奥利奥广告曲变为摇滚、爵士、电子、中国风等不同曲风。但和之前和天猫合作的音乐盒相比，其在大规模商业化之外，还增加了更多趣味性和互动性。

2018 年，基于目标客户年轻人不仅喜欢玩，更要玩出个性，奥利奥又推出全新奥利奥 DJ 台，让人人都能用奥利奥饼干玩作曲。奥利奥 DJ 台由黑色主机和白色副机组成，在主机左边放上一块饼干，音乐响起；右边加一块饼干，和弦出现；咬一口或者换一块饼干就会切歌。只需要简单改变饼干和副机位置，就能演奏出55段悦耳旋律，变化出525种自由组合旋律。同时包装上有二维码，扫一扫就可以把自己的玩法录制下来，分享到社交平台上。

其次，奥利奥在传播形式上进行创新，通过明星和网红的引流。基于社交网络快速触达目标用户，奥利奥邀请明星王源合作代言，带来流量资源，实现流量快速增长。此外，还利用网红直播，吸引大量流量，引入电子商务平台，促进了产品销售。

（2）电子商务助力制造业转型升级

电子商务平台是一个虚拟的网络空间，在这个空间里，多主体互相作用，实现优势互补和共赢。平台又具有网联化、互动性、即时性、海量化、数据化、无时空限制的特征，这些特征让平台在经济和社会生活中发挥重大作用。

电子商务平台恰恰能够帮助中小企业解决营销中的关键问题。第一，电子商务平台上通常汇聚海量用户，有现成的海量用户资源。第二，平台上的大数据帮助中小企业更容易获得和锁定目标用户群。第三，平台帮助企业用网络手段连接用户，中小企业可以开店、设置搜索关键词、分析数据、美化店铺、做广告、通过即时通信工具解答用户的问题。第四，平台通过提供一系列的服务，如在线签约、在线支付、物流、退换货、信用服务等，帮助中小企业实现销售，提升中小企业服务水平。

电子商务平台为中小企业发展提供了基础设施，更提供了生产资料。为中小企业赋能包括资源、能力和工具三个方面。资源包括店铺资源、海量用户资源、海量信息资源；能力包括对接全球大市场、精准营销、整合价值链、服务用户、安全保障的能力；工具包括应用资源和提升能力的工具，如支付、搜索、交易等。

（3）电子商务助力制造业对接市场需求

电子商务平台能够直接对接供需双方，推动传统企业了解市场，精准对接用户需求，推动供给侧改革和服务化转型。电子商务平台让信息更加透明、充分、有效和及时。电子商务平台汇聚生产者和消费者，成为产品和需求的信息海洋。每个企业的产品和信誉都展现在互联网平台上，用户可以搜索心仪的商品，比较同类产品的价格，查看其他用户的体验评价，产品和商家的信息一览无余。即使有未尽事宜，用户也可以通过即时通信软件与客服进行及时沟通。

很多互联网平台上的企业都采取 C2B（Customer to Business，个人对企业）模式，通过柔性生产和协同制造迅速占领市场。商户首先推出多款式、小批量的产品在网上预售，根据用户的购买情况和反馈，确定爆款产品。然后，进行大批量生产和大范围的促销活动。C2B 模式的好处是减少研发周期，迅速掌握消费者需求，快速反应满足市场需求，避免库存积压风险。

同样，企业在平台上，可以了解用户的购买信息、浏览信息，通过大数据和云计算工具分析用户的需求，精准定位，按照需求提供产品和服务，使得产品更加个性化，制造效率更高，更易获得消费者的满意，实现有效销售。企业在平台上还可以提供个性化定制服务，按照消费者提出的需求，实现一对一服务。季节性比较强的产品还可以采取预售模式，企业拿到预售订单和资金，就可以按照需求提前组织生产，规避市场风险。

案例：苏垦米业的电商转型案例①

江苏省农垦米业集团有限公司（简称苏垦米业）是中国大米加工企业 50 强。面对低迷的农产品市场，苏垦米业进行了互联网转型。

第一，在销售渠道上，积极向互联网领域拓展。首先在天猫开辟了苏垦旗

① “互联网＋”优秀案例：加快电子商务建设推动企业转型升级——江苏省农垦米业集团有限公司［EB/OL］.（2016-09-05）［2019-10-18］. http://www.moa.gov.cn/ztzl/scdh/sbal/201609/t20160905_5265224.htm.（引用时有删改）

舰店，省去中间渠道，直接向消费者销售大米。其次打造互联网爆款产品，推出 5 公斤装“苏垦富硒米”，通过“聚划算”等系列促销活动吸引消费者，积累忠实用户，活动销售的大米累计超过 1 万袋。最后在前期经验积累基础上，制定了多平台营销战略，布局京东商城、苏宁易购、1 号店、微商城以及工商银行、建设银行等多家银行网上商城和积分兑换平台，扩大市场范围。

第二，在产业链整合上，通过电子商务销售订单带动稻米产业纵向一体化改造，通过重整产业链资源，达到效益效率最大化。苏垦米业根据电商平台大数据分析用户背景和需求，调整农产品生产品种和产地布局，构建电子商务背景下的产业链和物流配送资源，用最短的时间满足用户需求，让营销效率最大化。

第三，在产品品质上，苏垦米业高度重视食品安全和品牌建设。首先，借助物联网技术，建设产品质量可追溯系统，覆盖种植面积 60 万亩。其次，通过免费试吃活动，让消费者体验安全食材，进行品牌的口碑传播。

第四，线上和线下相融合。苏垦米业还建设“苏垦尚膳”自营平台，除了销售自家产品，还整合农垦系统的农副产品，扩大产品品种。为了增强消费者体验感和安全心理，苏垦米业还在省内建设了苏垦尚膳 O2O 体验店，通过线上和线下的流量互补，整合用户资源，通过线下体验，提高品牌知名度和线上交易额。

案例：娃哈哈建立社交零售模式

2016 年 12 月，宗庆后参加央视《对话》节目录制时，对虚拟经济提出了严重质疑，认为虚拟经济扰乱了实体经济的价格体系，除了新技术，并不存在创新。由此，社会上产生了对虚实经济的大讨论。然而，排斥新经济的娃哈哈的业绩呈现萎靡之势，产品创新滞后，营销渠道不畅。

两年后，娃哈哈还是选择了应用线上渠道推出新品，更时髦地采用社交网络，与粉丝互动。娃哈哈集团新推出了名为“天眼晶睛”的发酵乳饮料，瓶身融入动漫形象。娃哈哈采用“社交零售”新模式，将产品和消费者连接在一起。鼓励消费者分享，通过社交裂变让更多人分享，让消费者成为代理人和代言人。这是娃哈哈初次尝试的互联网转型之路。总体营销架构是：总部—独家经销商（中南天眼）—零售商（微商）—消费者。此外，娃哈哈还通过瓶身扫二维码，获取客户、形成数据，把线下流量引导到线上，再反哺线上和线下。

（4）电子商务助力企业对接全球大市场

电子商务平台拓展了市场的边界，连接了全球的大市场。互联网具有无国界的特征，无成本连接到世界各个节点，通过跨境电商，轻松实现“买全球、卖全球”。生产企业可以发布产品信息，让全球了解产品的功能和特色，也可以随时在全球范围内寻找满足自己需求的原材料和产品。通过网络平台，轻点鼠标，就可以轻松找到中意的潜在合作对象，不仅可以通过文字，还可以通过图片、视频内容进行详细了解。如果有意向，可以在线实时互动沟通，达成交易意向，还可以实现在线交易。这在过去是很难想象的。

传统经济时代，营销范围常常局限在较小的市场环境里。

- 农民将收割的农产品送到村镇的集市上卖，或者被中间商压价收购。一旦风调雨顺，产品大丰收，中间商的压价更为严重，集市上的商品更是供大于求。农民的营销半径只有几十公里。
- 传统制造业销售产品或服务，也要花费巨额成本和人力。销售工业用品，要长途出差，挨家挨户地去使用单位拜访，介绍自己产品的性能和优势，有的时候还要吃闭门羹；也有的由销售人员按照电话号码簿逐条打电话，大多数时候，电话打不通，或者是直接被拒绝。

案例：开拓跨境电商，应对订单碎片化趋势

珠海 HoldPeak（吉大华普）公司[①]是一家仪器仪表（万用表、环境测量

① 张毅. 转型跨境电商成功案例：他不仅年销千万还接到亚马逊 VC 邀请［EB/OL］.（2018-04-27）［2019-10-18］. https://www.cifnews.com/article/34800.（引用时有删改）

仪）生产、销售型企业，至今已有20年的历史。该公司从前接到的订单多是来自欧美经销商的大额订单，而近年来，随着欧美电商市场逐渐成熟，欧美的大的经销商数量急剧减少，而欧美小客户或者是消费者的购买数量却在增加，一些自印度、非洲等地的采购商的数量也在逐渐增长。开展跨境电商两年里，跨境电商渠道的销售额已经占到全部销售额的1/3。

（5）电子商务助力企业整合价值链资源

电子商务平台方便企业整合资源，重新构建高效的价值网络，向智慧型企业迈进。传统产业的价值链通常是上下游的线性链条，价值链长且效率低，合作伙伴可选择性小并且合作成本高。电子商务平台的介入，打破了传统产业合作的线性链条关系，形成以用户为中心的价值网络，提升效率，降低成本。在互联网平台上，各种资源可以无障碍沟通，自由对接，为快速配置资源提供便利。依托电子商务平台，利用大数据、云计算等手段，企业可以实现流程再造，不仅可以优选合作伙伴，还可以分别与上下游产业链、用户、服务商、员工建立即时互动的合作关系，共享信息，随时根据用户的需求整合资源，打通价值链各个环节，建立虚拟组织，快速反应，按照消费者个性化需求进行敏捷制造，实现共赢。

案例：海尔打造柔性供应链体系

在互联网时代，为了应对碎片化需求，海尔[①]对整个企业进行互联网转型，重构企业价值链体系，产品创意、研发、生产、销售和售后服务都基于市场需求构建。在研发阶段，由用户提出创意并投票产生最终方案。在生产端，海尔基于互联网把整个工厂划分为七个互联互通的生产模块，实现协同生产。在管理模式上，海尔打破垂直型管理结构，围绕创业平台，构建快速

---

① 李子美.《智能制造标准化案例集》海尔第一个被推荐［EB/OL］.（2016-08-19）［2019-10-18］. http://ac.ea3w.com/ 151/1515957.html.（引用时有删改）

反应的供应链体系，用户订单信息和生产信息可以及时传递到各个环节，协同反应，制定出最优解决方案。在售后服务阶段，海尔的智能化产品都能感知用户的需求和使用习惯，工厂可以根据用户大数据进行产品优化。

转型为海尔带来了显著变化。在满足用户个性化需求方面，海尔产品已经由最初的20个型号扩大到现在的500多种型号，并可以同时在生产线上高效柔性生产。在企业效益方面，海尔智能家电等销量累计超过100万台/套，收入近30亿元，实现十倍速增长。在生产效率方面，互联工厂制造效率提高20%，产品开发周期缩短20%，交货周期由21天缩短到10天。在成本方面，生产运营成本降低20%，商品库存周期下降50%。

（6）政策利好电子商务与传统制造业融合

最近几年，我国频繁推出利好政策，推动电子商务与传统制造业融合。2015年5月，《国务院关于印发〈中国制造2025〉的通知》（国发〔2015〕28号）发布，确提出“到2020年，基本实现工业化，制造业大国地位进一步巩固，制造业信息化水平大幅提升。掌握一批重点领域关键核心技术，优势领域竞争力进一步增强，产品质量有较大提高。制造业数字化、网络化、智能化取得明显进展”。2015年7月，国务院发布《关于积极推进“互联网+”行动的指导意见》，要求进一步深化互联网与经济各领域的融合发展，进一步完善网络化、智能化、服务化、协同化的“互联网+”产业生态体系。2016年12月，商务部、中央网信办和发展改革委三个部门印发《电子商务“十三五”发展规划》（以下简称《规划》）。《规划》旨在为“十三五”时期各地区、各部门推进电子商务工作提供行动指南。《规划》以“创新、协调、绿色、开放、共享”的发展理念为指导，赋予电子商务服务经济增长和社会发展双重目标，提出发展和规范并举、竞争和协调并行、开放和安全并重三大原则。2017年10月，习近平总书记在党的十九大报告中强调，建设现代化经济体系，深化供给侧结构性改革，加快发展先进制造业，推动互联网、大数据、人工智能和实体经济深度融合。2017年11月，《国务院关于深化“互联网+

先进制造业”发展工业互联网的指导意见》，要求构建起与我国经济发展相适应的工业互联网生态体系，并进一步提出2025年、2035年和21世纪中叶“三步走”目标。明确要求构建网络、平台、安全三大功能体系，推进大型企业集成创新和中小企业应用普及。

大的利好政策频繁发布，小的利好政策遍地开花。在政策暖风频吹的背景下，必将促进传统制造业与电子商务的深度融合，推动实体经济转型升级，打造制造强国。

（7）传统企业与电子商务融合之路已经开启

在政策利好驱动下，传统领域不断探索与电子商务深度融合的路径。继近年的钢铁电子商务大爆发之后，各类大宗商品电子商务也被持续看好，2016年大宗电商市场交易规模达13.36万亿元，同比增长20.14%[①]。其他一些领域的电子商务也取得了突破性进展。国家能源局公布了首批“互联网+”智慧能源（能源互联网）56个示范项目名单，宣告能源互联网试点建设启动。医药行业积极尝试电子商务转型，2016年医药电商直报企业销售总额达612亿元[②]，增速超过50%。航运领域也迎来一波“互联网+”高潮，国内航运互联网平台数量达到200家[③]。家电仍然是网购热点，2016年，我国B2C家电网购市场规模为3846亿元，同比增长27.9%[④]。

企业也加快了与平台深入融合的探索，涌现出一批典型案例。上海老牌企业光明集团推出生鲜电商品牌光明都市菜园，目前覆盖了3000多个农副食品商品；青岛红领集团利用电子商务和大数据改造传统生产流程和组织方式，实现了西服的个性化定制，推动了企业转型升级；中粮集团投资的中粮我买

① 《2016年度中国大宗电商发展报告》核数据及观点［EB/OL］.（2017-05-15）［2019-10-21］. http:www.100ec.cn/detail--6396903.html.

② 商务部市场秩序司. 药品流通行业运行统计分析报告（2016）［R/OL］.（2017-06-16）［2019-10-21］. https://max.book118.com/html/2018/0411/1610257.shtm.（引用时有微调）

③ 数据援引自交通运输部科学研究院网站，引用时有筛选。

④ 《2016年中国家电网购分析报告》发布家电网购渗透率接近20%［EB/OL］.（2017-02-28）［2019-10-21］. http://www.chinatt315.org.cn/tsfk/2017-2128/60668.aspx.（引用时有微调）

网从2014年到2016年，年收入从10.8亿元增加至23.22亿元，两年复合年增长率高达46.7%[①]。在其他传统经济领域，传统企业逐步认识到技术变革和市场需求的巨大变化，从观望状态逐步转变为探索平台化转型路径或者与平台建立合作关系。传统企业一方面把网络平台作为企业宣传、渠道扩展、客户服务的重要依托，另一方面积极尝试企业营销方式、生产方式、组织方式、价值链合作的彻底转型。

当前，传统企业的转型还处在探索阶段，未来一定会有更多的传统企业拥抱电子商务平台经济。在不远的将来，制造业和电子商务平台企业的划分会更加模糊，海尔、小米、中粮等企业都有可能成为业界知名的电子商务平台型企业。

案例：红领创新C2M模式[②]

青岛红领服饰股份有限公司成立于1995年，是专业的服装生产企业。传统西装通常有两种生产模式，一是个性化定制模式，这种模式通常需要三个月到六个月才能收到成衣，由于工序复杂，产量低，因此价格高昂，企业也很难发展壮大。二是工厂大规模生产模式，这种模式生产的西服往往不能满足用户个性化的需要，导致库存积压。青岛红领集团利用电子商务平台，提出C2M（Customer to Manufactory，顾客对工厂）模式，实现个性化需求与大规模生产相结合，完成了企业价值链再造。消费者首先进入红领企业网站平台，选择自己喜欢的西服款式，包括服装的领、肩、袖、扣等细节的选择，输入自己身体的参数数据，就完成了西服的个性化定制流程。后期，电子商务平台成为红领员工与客户沟通，为客户提供服务的窗口。

在组织和管理模式上，以客户需求为中心，以数据为驱动。在生产上，所有工序都围绕着用户订单要求进行。红领对生产线和生产车间进行重构，

① 【曝光台】“中粮我买网”以优惠券吸引用户却频频不兑现［EB/OL］.（2017-09-25）［2019-10-21］. http://www.100ec.cn/detail--6417060.html.（引用时有微调）

② 案例信息取自青岛红领集团网站，有删改。

所有工作都高度标准化到每个细节，工人只需执行。每一块布料和零部件都通过电子标签进行数字化管理，电子标签涵盖了用户的全部需求数据。一套定制西装的完成需要超过 400 道工序，各个工序按照数字标签的指引，全部实现体系化、标准化的制作流程。青岛红领的整个组织体系彻底实现了扁平化管理，去掉了垂直的部门和级别，让员工与用户直接对接。财务和人事等岗位成为后台的支撑保障单元。

C2M 模式下，从消费者个性化下单到交付只需要 7 个工作日，效率提升 20%。产量达到每天 4000 件，流水线产品返修率降低 80%。2016 年，红领的人力成本降低了 30%，但目标收益却提升了 1.6 倍。2017 年，红领集团及其下属企业就已变更为新公司，名字叫“青岛酷特智能股份有限公司”。

案例：青岛海尔集团的创新平台变革①

海尔集团清晰地认识到，在当今的市场条件下，大规模制造已经不能满足市场的需求，大规模的流水线生产方式已经逐步被多样化定制的生产方式所取代。为应对变化，海尔集团自 2005 年开始，逐步探索管理模式，最后形成了人单合一模式。单指的是用户的需求，人指的是企业的员工。就是以用户的需求为核心，企业的员工围绕需求进行组合，进行服务，直到消费者满意。

海尔集团取消原先组织结构的中间层，削减了一万多名中层管理者，把整个集团变成了一个创业的平台，支持员工自由组合，形成上千个面向消费者需求的创业团队。每个创业团队有独立的决策权和经营权，他们直接通过互联网平台零距离与消费者沟通，获得消费者的需求，按需定制产品，为用户提供服务。每个创业团队在满足消费者需求的同时，创造价值，创业团队的收入与创造的价值直接挂钩。创业团队可以通过吸引风险投资不断壮大，甚至在一定时候演化成单独的公司运作。海尔集团的组织创新保证了公司的

① 案例信息取自张瑞敏“2017 年全国企业家活动日暨中国企业家年会”发言稿，有删改。

持续发展，2016年的海尔电器业绩公告显示，其全年实现收入638.55亿元，毛利110.72亿元，同比增长10.8%。

3. 电子商务与金融业、物流业等服务业的融合

（1）配套服务业与电子商务必须协调发展

电子商务的核心是信息流、物流、资金流的高效运转，三流缺一不可。电子商务不仅是网上交易这一个环节，还涉及商务的整个过程，包括货物的交付、资金的转移。物流和资金流也是电子商务的关键组成部分。在市场经济高度发达的今天，物流和资金流不是一家电子商务平台企业能够承担的，需要进行社会化的分工协作，需要整合全社会的物流、金融以及其他配套服务企业共同协作，组成商业生态系统，构筑共生共赢的合作关系，协调发展。

（2）配套服务业的瓶颈问题需要破解

伴随着电子商务的繁荣，我国物流、金融和其他配套服务业也取得了显著发展，但是也存在一些瓶颈问题，阻碍其自身进一步发展及对电子商务的支撑。

物流行业存在的主要问题有：一是物流资源短缺且浪费严重。物流工具空载空驶现象严重，导致物流成本居高不下。据统计，2017年，我国社会物流总费用占GDP的比重在14.6%[①]，几乎是发达国家的2倍。二是基础设施建设滞后，存在发展不平衡和不配套的情况，尤其是冷链物流发展水平低，制约生鲜电子商务发展。三是物流行业缺少龙头企业，企业缺乏人才，现代化管理水平低。四是物流行业管理缺少规范和标准。

金融行业存在的主要问题是：第一，我国企业融资渠道少，金融对实体经济的支持力度小；第二，金融风险防范能力弱，居民投资渠道少，非法集资案件数量高居不下；第三，金融监管滞后。

（3）电子商务倒逼配套服务业加快融合步伐

物流和金融业是电子商务生态的重要组成部分，电子商务的发展将加快

① 数据援引自中国物流与采购官网，引用时有筛选。

二者的发展步伐。物流和金融企业加速现代化转型，加快与电子商务融合的步伐。电子商务与配套服务业的融合，有助于提高交易效率，降低流通成本，提升消费体验。融合的路径大致有四个方向：一是加强自身能力建设，二是横向融合，三是纵向融合，四是协同化融合。

服务企业不断加快自身能力的建设，提高供应链服务效率。企业只有提高服务质量，努力尝试服务创新，加强自身能力建设，才能不被市场淘汰。

首先是加快网点建设。中国邮政旗下的邮乐购，广泛布局网点，增加物流触及范围，总共建设网点 27.9 万处。中信银行、招商银行、兴业银行等各大银行也在持续发力建设新型零售网点。据《2017 年中国银行业服务报告》显示，截至 2017 年年末，全国银行业金融机构营业网点总数达到 22.87 万个，其中新增营业网点 800 多个。

其次是提高智能化水平，运用人工智能等技术，提高生产效率，降低人力成本。物流企业已经陆续开始采用机器人进行分仓和智能化分拣，无人机送货也在尝试阶段。银行也在加速对传统营业网点进行智能化升级，自助贷款、刷脸取款、无人银行等各种新型智能设备和概念应接不暇，2017 年银行业金融机构离柜交易次数同比增长 46.33%①。

服务企业加快与电子商务的横向融合，拓展市场范围。2017 年 4 月，京东成立物流子集团，在服务自身的同时，实现全面开放，为合作伙伴提供包括仓储、运输、配送、客服、售后等一体化供应链解决方案，并提供物流云和大数据服务。顺丰的嘿客和专线物流将代收款作为创新业务，方便向消费者提供货到付款服务。金融机构也与电子商务平台进行无缝对接，共享数据处理，紧密协同支付、贷款等各项业务。

服务企业与电子商务纵向融合，拓展产品线，促进交易，提高盈利能力。2017 年 9 月，阿里巴巴集团宣布增持菜鸟股份，打造一个全球性的

① 中银协发布《2017 年中国银行业服务报告》[EB/OL].（2018-03-16）[2019-10-21]. https://baijiahao.baidu.com/s?id=1595060121064053941.（引用时有微调）

物流网络，打通了仓储、运输、配送多个链条，提高快递效率。京东金融推出“白条”服务，蚂蚁金服推出“花呗”两种消费金融服务。消费金融通过先消费、后付款的信贷方式，以提高电子商务平台产品销售，提升人气，拉动内需。2014 年 1 月，中国工商银行“融 e 购”电子商务平台，整合 1.5 亿工商银行个人用户和商家资源，打造“销售 + 推广 + 支付融资一体化”的开放服务平台。该平台充分发挥工商银行业支付灵活、融资便捷的金融服务优势，凸显“购物可贷款，积分能抵现，品质有保障，登录很便捷”的特色。

网购、金融、物流三者互为场景，资源形成互补，并且能够形成交易闭环，整个产业链的智慧化和协同化融合管理，将极大提升消费者体验。电商平台、物流商、金融企业、消费者通过互联网联通，打通信息流，进行数据共享和产业链的协同合作。消费者在电子商务平台下单后，网店店主通知最近的仓储网点进行配送，金融企业利用交易数据、仓储情况、货物周转率等信息，评价分析信用情况，为制造企业、网店店主、仓储企业甚至是消费者提供信用贷款。制造商利用用户需求信息和库存监测数据，优化库存，布局生产营销计划。大数据、物联网和人工智能等技术优化了整个产业链，提高了运营效率。

4. 电子商务与技术的融合

（1）技术创新快速发展

近年来，互联网、物联网、云计算、大数据、机器人、移动互联网、3D 打印技术等快速发展，给电子商务应用带来新的机会和根本性变革。这些技术的创新，推动了生产的变革，加速了经济的转型，为满足消费者个性化、多样化需求提供了更多可能性，也为电子商务跨越鸿沟，进入新的快速成长期奠定了坚实的基础。

互联网把分布在世界各地的人和物有机地联系在一起，实现了信息透明、自由流通和共享，因此控制指令也能够即时送达、畅通无阻。物联网实现了物与物之间的智能化连接、识别、定位和管理，第一时间感知和传导变化。根据高德纳咨询公司的预计，到2020年会有超过200亿设备联网，意味着全球70亿人中，平均每人将有三台设备联网。云计算增强了数据分析和计算能力，让数据服务按需获得。3D打印技术可以快速生产复杂模具和个性化商品。人工智能技术融合了检测技术、控制技术、计算机技术、网络技术及有关工艺技术，具有超强的信息获取、传输、处理、优化、控制和组织能力，从而实现环境感知、规划决策、多等级辅助驾驶功能。

（2）新技术赋能电子商务跨越瓶颈

新技术与电子商务的融合，推动了电子商务演进的步伐，解决了电子商务的痛点和难点问题，提高了商业流通效率，提升了消费者体验，驱动电子商务展开新一轮变革。

- 物联网在电子商务库存管理中，可以准确识别货物全部信息，包括货物的种类、数量、存放位置、货物的进出时间、物流配送情况等，通过大数据实时向商家和平台进行分享，提高商品营销和物流管理效率。基于物联网，还可以建立产品智能可追溯网络系统，为食品和药品安全提供了坚实保障，能有效促进电子商务交易。
- 网店的产品介绍运用视频技术能够全方位展现商品的特征、使用方法，提高产品可信度和服务水平。客户服务中使用视频，也能增强沟通效果，提高用户满意度。
- 借助VR（虚拟现实）、AR（增强现实）的技术改变传统的商品展示方式，不受物理空间限制，可以把任何产品带到消费者面前，实现场景化效果体验，提高用户的现场感和新奇感，带来更高的交易转化率。
- 云计算和大数据技术，增强了数据分析和计算能力，让数据服务按需获得。云与平台、网店随时随地交换数据，方便商家了解流行趋势，对用户画像，洞悉用户需求，调整最佳产品方案，让交易变得高效，让营销更加有针对性，使得整个生产、营销和物流更加智慧，提升精细化和协同管理水平。

- 区块链技术能够使信息得到印证，从而构建出一个高度诚信的世界，并能够依托技术建立起一个共享信用的社会，解决交易中的信用缺失问题。
- 3D 打印技术提升个性化服务能力。根据用户需求，有针对性地打印产品，减少生产周期，提高用户满意度。
- 5G（第五代移动通信技术）等电信宽带技术和互联互通为信息更顺畅地流动提供了渠道，实现信息和数据的无障碍互联互通，为智能化和其他创新应用提供了基础保障。
- 智能技术让电子商务流程更简单。通过语音交互的技术实现人与物的实时交互，节省客户服务人员成本，实现 7×24 小时实时响应。通过人脸识别技术提升支付效率。通过智能试穿提高消费者体验。利用机器人进行仓储管理，降低人员成本。应用无人机配送货物，提高物流触达半径。无人超市已经开业，预计 2020 年交易额增长率可达 281.3%①。

新技术已来，新技术的应用不再是梦想，新应用、新物种、新业态不断涌现。新技术带来的电子商务变革已经发生，保守与落后将被市场所淘汰。

案例：技术赋能，奥康实现个性化定制

2018 年 2 月，奥康隆重推出首个智慧门店，利用现代信息技术，实现线上和线下的融合。智慧门店的特色有两个：一是实现智能化，二是实现个性化定制。

应用现代信息技术，实现智能化。奥康与深圳云智数据建立合作关系，实施 C2M 业务模式，让高端定制走向批量定制。云货架、人脸识别、人群智能识别等科技大大提升顾客消费体验，通过人脸识别等技术，获得消费者背

① 艾媒报告｜2017 年中国新零售行业白皮书［EB/OL］.（2017-11-24）［2019-10-21］. https://www.iimedia.cn/c400/59818.html.（引用时有微调）

景信息和购买习惯及偏好，能够精准地为用户提供服务，提高服务效率和满意度。

C2M 体验，个性化定制，带动企业供给侧改革。通过线上和线下的同时服务，满足用户对个性化、多样化和品质化的需求，企业从而可以实现超额利润，减少库存。用户可以根据“云货架”上提供的产品信息，在线选择鞋的款式、材料。在线下体验店，消费者将脚放进脚型测量仪，就可以获得脚的各个数据，并以此为消费者生产出适合的鞋子。这样消费者既能买到喜欢的款式，又不用担心鞋子不合脚，最终实现针对消费者的“高端私人定制”。

5. 电子商务与多场景的融合

随着移动互联网时代的来临，线上与线下通过智能手机有机地融合在一起。互联网上的各种账号也不再虚拟，随时随地把一个个真实的人连接在一起。这种连接，让互联网与消费者的日常生活紧密地融合在一起。在消费者所经历的线上和线下的各种场景中，有效的营销将促进网络购物的增长。

（1）什么是场景和场景营销

1）什么是场景。场景就是学习、生活、工作的某一个瞬间，一种存在状态。场景就是人们工作、生活中存在的各种情景。场景由时间、空间、人物、行为、关系、心情、环境等诸多因素构成。每个人都生活在特定场景中，如在家学习、逛商场、喝咖啡等。在特定场景中，每个人都会产生各种各样的体验。这种体验包括喜怒哀乐，舒服和反感，等等。购物体验的过程又可以细分为获取信息、产生需求、信息交互、交易、物流、售后服务。购物体验的每个环节都会给消费者留下印象，汇总之后，消费者就会对品牌商形成总体感觉。

随着互联网的发展，场景也呈现虚拟化发展趋势。除了真实的物理空间场景，消费者通过智能终端越来越多地沉浸在虚拟场景中，如网络购物、网络游戏、网络社交等。随着 VR、AR 和人工智能技术的应用，未来的场景将变得越来越虚幻。虚实场景相互连接和融合，已经彻底改变了人们的生活和工作方式。

2）什么是场景营销。场景营销就是借助消费者所处的场景营造有针对性的营销氛围，与消费者形成信息沟通、互动体验，从而引起情感共鸣、诱发需求、刺激消费、提升转化率（见图 4-3）。场景营销的理论根据在于，消费者在不同的场景中，具有不同的心理状态，会产生不同的需求，进而需要有针对性的营销策略。现实生活中，需求的产生更多来源于环境和某一因素的刺激。有效地将场景与用户需求进行关联，将激发出消费者不同的心理状态，营造情感共鸣，进而产生不同的需求动机，直至实现购买行为。

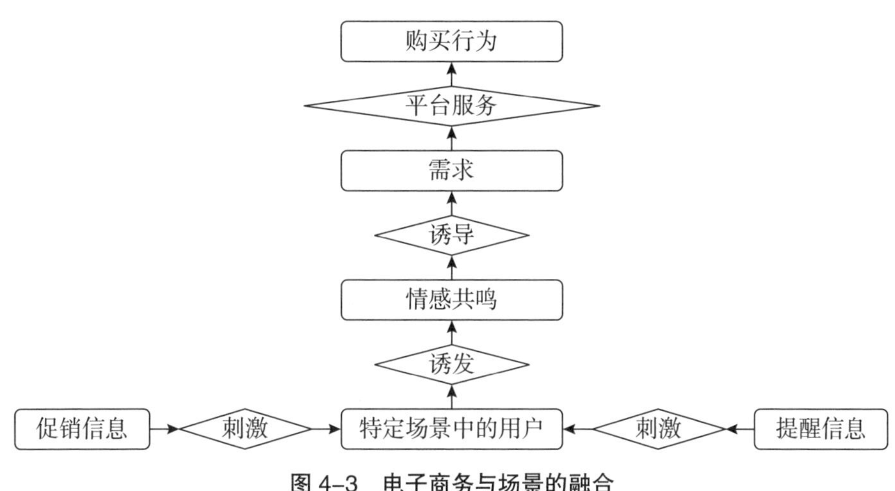

图 4-3　电子商务与场景的融合

电子商务与场景融合，就是在特定场景，连接用户线上和线下，根据大数据的统计分析，准确理解并判断用户情感、态度和需求，为用户提供实时、定向、有创意、有针对性的信息服务，通过与用户的互动，树立品牌形象，从而达到销售产品的目的。

成功的场景营销，会加强消费者对特定场景的认知，让品牌与场景建立强关联，一旦遇到类似的场景，就会想起相关的品牌。如广告语“怕上火，就喝王老吉”已经深入人心。广告语将“上火”场景和王老吉品牌紧密联系在一起，一旦遇到“上火”的情况，人们会情不自禁地想起王老吉。

（2）电子商务与场景的融合无处不在

目前，大多数消费者是为了购物而购物。而未来，电子商务将与生活中的各个场景相融合，无处不在、无时不在。商家利用大数据、地理信息等技术，挖掘用户的需求，通过有针对性地发送优惠信息和开展促销活动，诱导消费者进行电子商务活动。

- 用户购买车票，会收到拉杆箱的促销信息。用户去北京出差，会收到北京各类宾馆的预订信息。在长城游览，会收到旅游纪念品的优惠券。
- 冰箱或者手机都会自动提醒用户某类蔬菜储存量已经低于需求水平，建议马上订货，并且恰巧某一个网店该类蔬菜有新鲜到货。
- 收到婚礼的电子请柬，当路过某一商场时，消费者就会收到某一礼服品牌的促销信息。
- 逛街时，手机会提醒附近有你喜欢的咖啡品牌专卖店。
- 在无人驾驶汽车中，汽车屏幕会提示你可以观看电影消磨时光，并提醒有一部你感兴趣的大片正在影院上映，可以在线购买电影票。

（3）移动互联网时代，场景营销为什么重要

1）消费者需求发生重大改变。随着社会的进步，收入水平逐步提高，人们的需求已经不是简单地满足温饱，而是转向多样化、个性化、高端化和品牌化。商品市场从卖方市场向买方市场转变，消费者在市场中掌握主动权，可以在品牌之间进行比较，选择感兴趣的商品。以穿衣为例，消费者不仅追求服装的遮体和保暖功能，更要穿出个性，穿出品位，甚至穿出文化。

网络购物方式更是改变了消费者的购物方式，网络商城展示更多的商品，价格相对于实体店面更低，购买方式更加便捷高效。越来越多的消费者转向网络购物，根据CNNIC的统计数据，截至2019年6月，我国网络购物用户

规模达 6.39 亿人，在网民中的渗透率达到 74.8%。

2）传统广告方式失灵。传统的广告方式越来越落伍。对于消费者来说，传统广告营销方式简单生硬，单调重复，占用消费者大量时间和大量媒体版面，广而告之的效果有限。有些广告不分时段和方式，强硬塞给消费者，打扰了消费者正常的工作和生活，引起强烈的反感，甚至遭到消费者投诉，也被称为垃圾广告。对于商家来说，传统广告成本高昂，没有针对性，会导致营销效率低下。单调的广告推送方式已经落伍，这对产品营销创新提出了新的挑战。

当前，消费者从营销场景中感受产品和品牌，自然的场景更容易激发用户与品牌之间的互动，品牌潜移默化的渗透更容易使消费者产生购买欲望。除了互动性和隐蔽性，场景营销的针对性和丰富性更能满足现代人的需求。这种与恰当场景相融合的广告信息让消费者更容易接受，比单调的广告更有温度，有时及时提醒性的广告信息让消费者觉得亲切，甚至会给消费者带来惊喜的感觉。恰当场景就是指对的时间、对的地点、对的形式、对的内容。

3）移动互联网的普及提供了丰富的场景。在传统经济或者是 PC 互联网时代，用户的场景要么集中在实体环境，要么集中在电脑上。而移动互联网的发展，网民的日常和生活转向智能手机应用下的各种场景。未来，更多的人会生活在移动互联网所支持的各种场景中。当前，我国手机网民规模已经超过 8 亿人，极光大数据显示，网民每天花在各类 App 上的总时长是 4.2 小时。

移动互联网具有独特的营销优势。相比 PC 和笔记本上网方式，智能手机更具有便捷性、移动化和个人属性的特点。移动互联网应用提供了丰富的场景。每一部手机与每一个消费者紧密相连，每一部手机上的 App 都与消费者紧密相连。每个 App 都提供一个独特的应用场景。未来，移动互联网提供的场景更加丰富。随着 4G 的应用及 5G 时代的到来，移动互联网应用融合场景越来越广泛，除了文字、图片，还包括语音、视频，未来使用在人工智能、VR、AR、LBS（Location Based Service，基于位置服务）等领域的想象空间更加广阔。各种虚拟现实，线上和线下的融合场景将无处不在，无人驾驶、人脸识别、手势支付等都将走进百姓的生活。

4）场景营销具有独特的营销优势。场景营销具有极强的互动性。在信息碎片化的今天，消费者每天接触海量信息。只有真正触达消费者内心和需求痛点的广告，才能引发购买动机。因此，找到目标对象，发现需求，与其互动，沟通信息，诱导消费，提供个性化服务成为营销的关键环节。而场景营销的本质就是提供品牌商与消费者连接的环境，促进二者开展有效的互动。

（4）场景营销的关键特点

1）消费者为核心。在买方市场环境中，消费者占有绝对主动权，因此现代营销理念要求要以消费者为核心，以消费需求为导向，围绕刺激和满足消费者的需求展开营销活动。不以消费者为核心的生产活动和营销活动，只能导致商品滞销和库存积压，从而导致企业走向被动。

2）技术为基础。场景营销的特点是针对特定的消费者及其需求展开营销活动。场景营销的基础是消费者的数据，如背景、爱好、行为、需求、朋友关系等。这些数据越真实、越具体、越能挖掘出有价值的线索，营销才能更有针对性。消费者的背景信息和需求信息如何获得呢？只能依靠现有数据的积累和挖掘。场景融入大数据和云计算技术，能够给消费者画像，透析消费需求，从而使得营销更加精准有效，让消费者的体验更加美好。

3）场景为载体。消费者的消费行为都是在特定的场景下进行的。在特定的场景中，消费者会产生不同的需求，认知特定的产品。例如，消费者在超市看到酸奶的促销广告会激发购买欲望，路过咖啡馆闻到咖啡香味会产生进去喝一杯的冲动，制订旅游计划会产生预订宾馆的需求。开展场景营销，首先是要找到或者创造合适的场景，将产品的卖点与消费者需求相对接，有效地触动消费者的痛点和痒点，引起消费者的共鸣，从而建立互动关系，激发购买欲望。

（5）如何做场景营销

一是切实了解消费者的需求和痛点，制订更有针对性的营销策略；二是有针对性地选定一个具体的场景，营造有利的营销氛围；三是个性化信息沟通和互动，促进消费者对产品的认知和好感；四是便捷的交易服务，提高转化率。

1）研究消费者需求。场景营销的最终目的就是激发消费者的需求，实现交易。而激发消费者需求的最有效方式就是营造有针对性的特定场景。事实上，生活中到处是场景，如何找到正确的场景需要深入研究消费者，包括了解消费者的背景，是谁、性别、收入、生活习惯、兴趣爱好等，此外对消费者对某类商品的态度、需求和购买行为也要进行准确判断。

2）挖掘适宜的场景。挖掘场景非常重要，也是场景营销的难点。找对了场景，就找到了与消费者联系的纽带。营造场景时还必须考虑品牌的特色和所代表的文化。如果现实生活中没有现成的场景，就需要根据消费者的特点和需求营造全新的场景。新场景必须与消费者的需求进行有效对接，并且方便互动和交流，有利于展示品牌形象。

在营造环境的同时，应加入丰富的品牌故事内容，让整个环境变得更加立体和丰满，最大限度地传播信息，引起注意，使消费者在愉快的互动中认识品牌。讲故事有助于加深人们对品牌的认知。例如，人们对海尔冰箱高品质的认可来自张瑞敏拿着锤子砸碎不合格产品的故事。再如，人们对阿里巴巴的认识来源于20年前十八罗汉在马云的小房子里创业的故事，“天下没有难做的生意”这个企业愿景不仅激励了阿里人，也吸引了更多的商家和消费者加盟。品牌融入生动的故事，带动消费者的情感共振，从而实现对品牌的记忆和认可。

3）精准推送互动信息。营造场景后，就要在适当的时机，针对消费者的需求和痛点提供品牌信息，消费者在购买和使用产品的过程中，还可以将感受反馈给企业，形成互动。前面提到的广告语：“怕上火，就喝王老吉”，将凉茶与“上火”的场景紧密联系在一起，向消费者传达了凉茶中的中草药具有降火的功效，与普通的饮料区分开来。提醒消费者在吃火锅等容易上火的场景中，喝一杯王老吉凉茶有“祛火”的作用。场景营销使得王老吉“清热祛火”的概念迅速传播，深入人心，并且从其发源地南方传到了北方。

4）促成交易。在场景营销中，不管是推送信息还是情感互动，最终目的都是要促成交易。因此，要提供简单流畅的交易流程，便捷的支付和物流服务。盒马鲜生通过场景营销，促进了线上和线下的交易。盒马鲜生不是普通的超市，它开辟大块场地供消费者体验，消费者在店内选购了生鲜产品后，可以现场加工。现场体验可以激发消费者购买生鲜产品的欲望，促进了交易。消费者也可以通过线上平台下单，将线上和线下资源有机地整合在一起。

（6）小结：电子商务与多场景融合是大势所趋

电子商务与场景的融合将最大限度地挖掘用户的消费潜力，也有助于获取新用户，提高消费者活跃度，提升交易转化率。在网购人口红利即将耗尽之际，线上流量成本攀升，那么增加用户购买频率、增加每一单的价值将显得尤为重要。事实上，尽管互联网渗透率和应用广度日益提高，但是消费者更多的是生活在线下的场景之中，因此更应该重视发挥线下场景的价值，有效地连接线下线上，挖掘流量价值。电子商务与场景的融合就是推动线下场景转化为线上流量，再将线上流量转化成交易量或者品牌美誉度，最终实现流量变现。

未来，随着网络经济的进一步发展，场景营销将发挥更大的作用。随着信息技术的不断创新以及智能手机和智能家电等的普及，电子商务与场景的融合范围将更广，融合程度将更加深入。大数据、算法技术和地理位置信息技术的深入应用，也将加大电子商务与场景融合的可行性。未来的电子商务营销，将更关注消费者线下的生活场景，不断地向线下渗透。未来的电子商务营销，也将更关注消费者的心理状态和感受，更关注环境变化对需求动机的诱导。电子商务与场景的融合是持续推动电子商务繁荣的重要手段。电子商务与场景融合的时代已经到来，将场景营销做到极致的商家必将赢得未来。

6. 大数据与用户需求的融合

（1）电子商务应以用户为中心

在买方市场经济高度发达的今天，消费者在市场中占有主导权。电子商务的关键是以用户为核心，基于平台服务，满足用户需求，从而获得订单。以用户为导向，就要进行精准定位，选取目标用户，建立连接，精准聚焦目标用户的需求，找准痛点，进行精准营销，最终实现在线交易。

然而，在居民可支配收入日益提高、消费升级的今天，营销过程发生了巨大变化。这个变化体现在三个方面：消费者的属性发生了变化，消费者的需求发生了变化，消费者的购买行为和消费场景也发生了变化。

首先是消费者属性的变化，未来消费的主体将是中产阶级。中产阶级大多从事脑力劳动，主要靠工资及薪金谋生，一般受过良好教育，具有专业知识和较强的职业能力及相应的家庭消费能力；有一定的闲暇追求生活质量，对其劳动、工作对象一般也拥有一定的管理权和支配权。中产阶级的资产在20万～30万元①。据预计，中国中产阶级的人数在未来20年将从2.3亿人增加到6.3亿人②。到2020年，年青一代在消费总额当中的占比将由目前的45%增至53%。

其次是消费者需求的变化。中产阶级已经实现了对安全、温饱的消费，更加追求情感、归属感和个人价值的实现。因此，中产阶级购买商品更注重内心的感受和体验。他们的需求趋向多样化、个性化和品质化；他们追求的商品风格更加自由、时尚和标新立异；他们关注品牌，具有较强的品质认同

① 中产阶级［EB/OL］.（2019-09-16）［2019-10-19］.https://baike.so.com/doc/1948—1995.html.（引用时有微调）

② 张燕生：未来20年中国中产阶级将从2.3亿增到6.3亿人［EB/OL］.（2013-04-27）［2019-10-19］. http://finance.sina.com.cn/hy/20130427/113615302631.shtml.

感；他们的消费呈现出长尾和碎片化趋势。这些趋势给商家精准聚焦目标用户、挖掘用户需求带来了相当大的难度。

最后是消费者的购买行为和消费场景也发生着显著变化。消费者更多地选择网络渠道，通过互联网买全球的高品质商品成为一种趋势，奶粉、化妆品、食品的跨国电商都保持较高的增长速度。很多消费往往没有计划，线下消费时，用户更注重消费场景，更加随心所欲。

（2）大数据助力用户导向

电子商务平台具有数据产生、汇集、分析和应用的优势，能够打通零售的各个环节，将优势资源整合在一起。在电子商务平台上，每时每刻都会产生各种主体的静态和动态数据，包括用户的个人属性、社会属性、消费行为、爱好偏向、使用习惯、交易特点和聊天记录等都会被保存下来。例如淘宝每天的交易达数千万笔，因此平台上汇聚了大量的交易数据，每天产生的数据量大概达到 7 个 T[①]。利用大数据技术，就可以针对海量用户信息进行存储、处理和分析，找到目标用户群，发现其特点和需求，从而实现电子商务精准营销。

用大数据技术可以构建立体实时的用户画像。用户在电子商务平台上的浏览和交易信息，经过大数据技术的挖掘，能够深刻揭示用户的个人属性、社会属性、消费行为和兴趣爱好。例如，基于网购大数据，基本可以判定用户的年龄、职业、性别、地域、家庭情况，同时也可以知道用户是否有小孩及车辆，辨别用户所在的城市、作息时间、交通工具、理财方式、网购主要商品、价格区间、购买频率等，还可以勾勒出用户的购物偏好、音乐偏好、体育爱好、旅游偏好，等等。经过大数据挖掘和分析，消费者的画像会立体地呈现出来（见图 4–4）。

① 数据援引自阿里云官网，引用时有筛选。

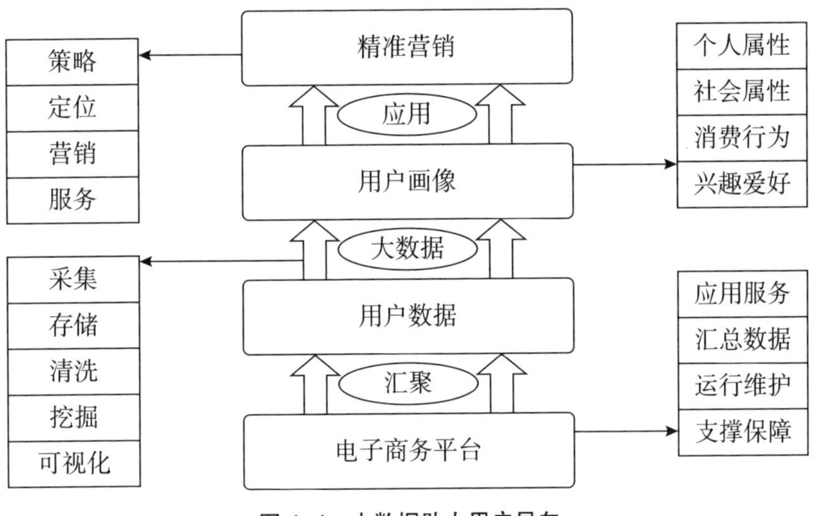

图 4-4　大数据助力用户导向

基于大数据制订有针对性的营销策略。根据用户的特点和需求分析，可以进行更精准的定向沟通和促销，提高促销效率，降低成本。用户登录电子商务平台，就能看到更有针对性的商品推介信息，正如量身定做的私人商店一样。如今的京东和淘宝在一定程度上实现了个性化推荐的功能，每一个用户所打开的页面都有一部分内容是基于个性需求推送的信息。推送信息按照用户的浏览习惯布局，按可能购买商品的迫切程度排列。吸引用户注意，诱导和产生需求。以用户为中心，以大数据为基础，个人网购主页实现了重构。个性化促销信息更有针对性，有助于将促销信息转化为实际的销售。此外，针对用户的消费习惯数据，设置有效的场景，进行连接，传递产品信息，诱导需求，可以实现价值增值。

案例：玛氏联合淘宝加速产品创新进程

玛氏公司是一家历史悠久的食品制造企业，旗下拥有众多中国消费者熟知的知名品牌，包括德芙、士力架、宝路、皇家等。玛氏公司近年的实践表明，企业要想长盛不衰，占据市场优势，必须不断创新产品。2016 年玛氏公司的创新产品对快消品销售额的贡献率高达 60%，新品成为玛氏公司保持企业活力，不断快速成长的核心驱动力。

2017 年 8 月，玛氏与天猫合作成立新品创新中心。创新中心以天猫大数据作为依托，根据消费者消费行为和需求数据进行科学分析，从而确定新产品研发方向。传统情况下，研发一款新的糖果周期很长，至少要经过一年多的时间，成本高、风险大，而对接电商平台后，新品的调研周期从以前的 10 个月缩短到 1 个月，效率大大提升。新品研发周期的缩短，让玛氏公司快速推出满足消费者需求多样化的产品成为可能，针对消费者需求的糖果不断生产出来，真正实现小批量、多品种的 C2B 模式。

（3）大数据成为电子商务的基础设施和成败关键

未来的电子商务是大数据与用户需求的结合。这种结合更注重用户的体验，依托线上线下一体化平台获得大数据信息，然后将大数据及时反馈给生产企业，准确计算需求信息，因此可以给消费者提供更有针对性的定制服务，更好地满足个性化需求。大数据与用户需求的结合，提高了企业营销效率，降低了营销成本。应用大数据的电子商务平台也能帮助用户快速寻找自己所需的商品，轻松获得满足，提高消费体验，让用户感受到更加满意的个性化服务。未来，谁能科学运用用户大数据资源，谁就能在接下来的商业变革中取得优势。

国内主要互联网平台企业也越来越重视大数据的开发和应用，纷纷宣布将大数据作为未来发展战略。阿里巴巴集团提出未来的三大战略分别是：全球化、农村电商和大数据。淘宝向普通卖家提供“数据魔方”服务，包月价格为 300 元。百度于 2015 年 9 月发布“百度大数据 + 平台”战略，提供行业洞察、营销决策、客群分析、舆情监控、店铺分析等服务。腾讯在天津建成了占地 8 万平方米的亚洲最大数据中心，并成立了专门的腾讯云计算公司。我国大数据市场刚刚起步，2017 年，我国大数据市场规模达到 4700 亿元①，

① 中华人民共和国国家互联网信息办公室 . 大数据白皮书（2018）[R/OL] .（2018-04-25）[2019-10-19] . http://www.cac.gov.cn/2018-04/25/c_1122741894.htm.

未来将继续保持30%的高速增长。

政策环境不断利好大数据产业发展。我国大数据相关政策逐步出台，各有关部门和地方政府对此的重视程度逐步升级。2015年9月，《国务院关于印发促进大数据发展行动纲要的通知》（国发〔2015〕50号）发布，要求推动大数据发展和应用。同月，贵州省启动我国首个大数据综合试验区的建设工作，重点打造"七大平台"。2015年1月，《国务院关于促进云计算创新发展培育信息产业新业态的意见》（国发〔2015〕5号）发布，提出到2017年云计算在重点领域的应用得到深化，产业链条基本健全，初步形成安全保障有力、服务创新、技术创新和管理创新协同推进的云计算发展格局，带动相关产业快速发展。2016年1月，《国家发改委办公厅关于组织实施促进大数据发展重大工程的通知》（发改高技〔2016〕42号）发布，重点支持大数据应用试点示范项目。2017年1月，工业和信息化部下发了《大数据产业发展规划（2016—2020年）》，提出到2020年大数据发展目标是：技术先进、应用繁荣、保障有力的大数据产业体系基本形成，大数据相关产品和服务业务收入突破1万亿元。

7. 电子商务与国际资源的融合和配置

（1）全球经济一体化趋势明显

网络时代，全球经济一体化的趋势更加明显。各国经济发展极其不平衡，资源禀赋各有优势，全球化战略有利于充分利用国内和国际两个市场与资源分布，提高分工的全球化水平，促进国际贸易。经济全球化带来了高度的行业分工，也带来了低成本和高效率。苹果公司的成功，恰恰是利用平台进行全球资源整合的结果。苹果手机就是融合了全世界制造资源，打造了一款高性价比的产品。首先，苹果手机在美国进行设计和研发；其次，在日本制造关键零部件，在韩国制造芯片和显示屏等核心部件，在中国台湾生产一部分零部件；最后，在中国大陆完成产品组装。

（2）国外平台快速成长，形成竞争压力

虽然我国网络零售最近几年快速发展，具有国际竞争优势，但是我们也不能忽视国际竞争对手的实力。这些国际竞争对手一方面占领本国的网购市场，另一方面积极拓展国际市场，不仅把触角伸入我国，还带着先进经验和资金蚕食其他国家的市场，对我国网络购物平台造成潜在威胁。如果漠视国际对手的存在，一味地采取防守策略，危机总会有爆发的一天。对于我国网络购物平台企业，最正确的姿态就是基于互联网的全球化特性，连接全球大市场，瞄准机会，积极拓展国际市场，用自身的优势开疆拓土。目前，我国在网络零售和电子支付方面处于国际的前列，有必要将这种优势发扬光大，积极去拓展其他国家的市场，抢占市场先机。

在全球市值100强公司中，亚马逊公司市值8960亿美元，位列第三，脸书市值4760亿美元，位列第六。我国互联网企业阿里巴巴和腾讯进入市值前十位，分别位列第七和第八。

案例：亚马逊国际化战略

亚马逊公司（Amazon），是美国最大的一家网络电子商务公司，也是全球较早的网络零售企业之一。亚马逊公司成立于1995年，从网络销售图书起步，目前已经涵盖众多产品和服务，包括数百万种独特的全新、翻新及二手商品，全球共有卖家100多万个。并且，亚马逊已经成为全球商品品种最多的网上零售商和全球第一大电子商务企业。亚马逊取得如此成绩与其科研投入和创新能力密不可分。据市场研究机构FactSet的数据，亚马逊以226亿美元位居2017全美研发支出公司首位，远远超过Alphabet（166亿美元）、英特尔（131亿美元）、微软（123亿美元）和苹果（116亿美元）。截至2018年1月，亚马逊在全球范围成功注册1万多项专利技术，涵盖新兴科技多个领域，包括机器学习、云计算、人工智能和机器人技术等。借助亚马逊全球化创新资源，亚马逊中国发力商业模式、技术、人才创新。亚马逊研发投入的主要领域是云计算，这也是亚马逊云计算领先全球的根本保障。也因此，亚马逊的市值超过谷歌母公司Alphabet，成为市值最大的全球互联网公司。

亚马逊一直坚持国际化战略，将创新成果加速推广到全球各地。2004年，亚马逊全资收购卓越网，首次在中国落地。在跨境电商领域，亚马逊依托强大的全球布局及跨境物流体系，提供海外购和全球开店两大模式，一方面帮助消费者实现“买全球”，另一方面帮助中小企业实现“卖全球”。

亚马逊也非常重视欧洲市场。早在1998年就在英国和德国推出购物网站，随后在法国、意大利、西班牙等国都开设购物网站。在2016年，德国和英国占亚马逊国际销售额的一半以上，并且保持高速增长趋势，2017年，英国和德国分别新增买家7万多人。在整个欧洲，亚马逊拥有31个物流中心网络，遍布7个国家。2017年4月，亚马逊宣布，在欧洲主要城市附近寻找总共1300个仓库，把它们作为“最后一英里”的中心。

亚马逊在亚洲市场同样重资投入。亚马逊日本站点于2000年营业，由于亚马逊无可撼动的国际化资源优势，日本中小企业卖家也看好亚马逊的跨国电商服务，2017年新增中小企业卖家4万多家。印度处在网络零售起步阶段，由于存在巨大的人口红利，又没有有实力的竞争对手，因此，亚马逊在印度投入较大资源，开拓印度网络零售市场。先后投资50亿美元，进行了全产业链布局，包括在线零售、在线支付、本地内容、食品递送业务、本地零售商等领域。

（3）互联网平台企业抢占国际市场

纵观全球互联网平台巨头企业，无不采取国际化战略，坚定不移地实行开放政策，积极参与国际经济竞争与合作，充分利用经济全球化带来的各种有利条件和机遇。我国于2014年举办首届世界互联网大会，会议主题为“互联互通、共享共治”。借助这次会议，中国已经向全世界表达出全面参与未来平台经济规则制定的愿望。

谷歌搜索界面可用的语言已经达到100多种，搜索结果所采用的语言多达35种，国际域名有100多个，全球员工有3000多人，覆盖世界250个国家与地区。Facebook（脸书）支持的语言总数超过80种，而且还启动了基于社区的翻译项目，因而带来了约 50 种语言。亚马逊 App Store 应用商店覆盖范围也达到 236 个国家和地区。

腾讯同样非常重视全球化布局。2011 年腾讯刚刚推出微信，没几个月就推出了英文版，随后英文版微信被更名为 WeChat。目前，微信已经推出繁体中文、英语、泰语、印尼语、越南语、葡萄牙语等语言版本，同时支持海外 100 多个地区手机短信注册微信账号。微信在中国大陆以外的用户数达到了 5000 万[①]，其中美国的注册用户接近 10 万人。近年，腾讯已在海外市场投入 20 亿美元，投资国外创新公司。2013 年腾讯参与投资美国闪购网站 Fab，布局海外电商。2014 年腾讯向"韩国微信"KaKao Talk 投资了 4.03 亿元，进军韩国社交网络。

百度正在加快国际化步伐。2013 年，百度正式提出国际化战略方向，并陆续在海外近十个国家和地区推出一系列产品，包括 Hao123、问答、贴吧服务以及视频播放器等应用软件。百度还计划未来将全球化战略聚焦在移动和 O2O 领域。目前，百度国际产品全球移动端月活跃用户达到 2.1 亿人[②]。在全球知名数据提供商 App Annie 的全球 App 下载量排行榜中，百度移动应用常年位列前十。2014 年，百度收购巴西团购网站 Peixe Urbano，不到半年时间，其在巴西市场的份额就从 35% 升到 55%[③]，打败了当地团购劲旅 Groupon，成为巴西第一大团购网站。2015 年，百度还收购了日本原生广告公司 Poplin 的控股权。

（4）跨境电商刚刚起步

电子商务平台经济，借助于互联网跨国界特征，驱动全球成为统一大市场。一方面，跨境电商可以帮助中小企业走出国门，寻找国外商机。另一方

---

① 微信国际战略见效 WeChat 注册用户数突破 5000 万［EB/OL］.（2013-06-09）［2019-10-19］. http://tech.qq.com/a/20130609/009660.htm.（引用时有微调）

② 百度国际化战略升级：输出先进经验与创意［EB/OL］（2015-05-30）［2019-10-22］. http://tech.cnr.cn/techit/20150530/t20150530_518693843.shtml.

③ 走出国门彰显实力，百度 O2O 绽放巴西［EB/OL］.（2016-06-23）［2019-10-19］. http:www.sohu.com/a/85592455_117770.（引用时有微调）

面，跨境电商可以引进国外优质和特色产品，满足人们日益增长的个性化和品质化需求。跨境电子商务让“买全球、卖全球”变为现实。

近几年，我国跨境电商政策不断利好，跨境电子商务作为新兴业态正在中国蓬勃兴起，自贸区、综合试点城市和综合试验区建设项目相继启动，跨境电商流程和手续进一步简化，方便企业通关。2016 年中国跨境电商交易规模 6.7 万亿元[①]，同比增长 24%。出口电商规模遥遥领先于进口电商规模，其中出口跨境电商交易规模 5.5 万亿元，占比达到 82.08%，进口跨境电商交易规模 1.2 万亿元，占比 17.92%。在细分领域，B2B 仍然保持绝对优势，跨境电商 B2B 交易占比达 88.7%。从海关总署的统计数据也能看出跨境电商的高速增长趋势。近三年来，我国海关跨境电商进出口额年均增长 50% 以上。2017 年，我国在这一领域出口 336.5 亿元，增长 41.3%；进口 565.9 亿元，增长 116.4%。中国海关办理跨境电商进出口清单 6.6 亿票，是进出口货物报关单的 8.4 倍。

“一带一路”倡议推动我国与沿线国家跨境电商贸易爆发式增长。我国的手机、电脑、电子配件、家居用品最受“一带一路”倡议沿线国家市场欢迎，年交易额同比平均增速超过 10 倍[②]。进口商品中，食品、酒类、家纺、水果销量较高。

（5）全球化为电子商务平台企业带来机会和威胁

电子商务平台企业拓展国际市场面临巨大的商机。第一，中国电子商务完全可以借助全球化和“一带一路”倡议的东风，走出国门，驰骋于国际市场，甚至参与国际市场规则的制定。第二，国内电子商务企业也面临国际巨头的市场侵蚀，未来的电子商务市场的竞争格局需要用国际视野进行衡量，竞争情况还需进一步观察。第三，国内市场已经进入成熟期，短时间实现爆发的可能性不大，然而拓展全球市场，虽然前期风险较大，但是有可能瞬间

---

① 数据援引自电商大数据网站，引用时有筛选。

② 京东发布 2017“一带一路”跨境电商消费趋势报告［EB/OL］.（2017-05-17）［2019-10-22］. http://www.sohu.com/a/141268806_184641.（引用时有微调）

打开一片巨大的蓝海。第四，各大电商积累了丰富的软硬实力资源，具备了开拓国际市场的可行性。软实力包括公司的品牌知名度、成熟的运营模式、丰富的运营经验、大量的科技创新成果。硬实力是平台已经成型的基础设施、人才队伍、资金实力和合作伙伴关系。

国内企业拓展国际市场也面临重重困难和挑战。一是各国的政策和法律法规及社会动荡带来的风险；二是融入当地文化和消费习惯的难度大；三是中国电商企业和中国商品在国际范围内的品牌美誉度需要重新塑造。

电商企业在国际市场上的发力点体现在多个方面：一是促进商品和服务贸易，通过平台推动轻松“买全球、卖全球”，促进商品流通，进口国外优质商品，输出国内优质商品；二是促进全球资源和信息的流动，促进多种方式的优势互补和合作，达到资源配置的最优化；三是整个平台公司的复制，在其他国家建立子公司或者子平台，将国内运营模式整个复制到其他国家；四是针对当地特色资源、需求或者商品流通中的痛点问题，进行有针对性的服务。

国内主要电子商务平台企业也非常重视国际化战略，纷纷进军国际市场。为了推动跨境电商发展，提供支撑服务，物流企业加快布局跨境电商业务。菜鸟建设了覆盖全球200多个国家和地区的物流网络，实现日处理全球跨境物流400万单；顺丰速运直发业务覆盖全球近250个国家和地区；洋码头同样布局全球物流中心。

2018年春，京东发布其国际化步骤。首先，把全世界中国人喜欢的品牌带到国内，让中国人不出国就可以购买到世界上任何想要的品牌。其次，把中国品牌带到国外。其2018年的全球化目标是在泰国、印度尼西亚等地全面铺开业务，在纽约和米兰的地区办公室揭牌。在法国、英国和德国推出电商平台和送货服务，并将在英国建设办事处，在法国建设一个投资10亿欧元的物流网络。

阿里巴巴将全球化作为其三大战略之一。马云在阿里巴巴上市一周年致股东公开信中表示：“阿里的全球化业务专注在帮助中小企业迈出国境，让全球消费者可以购买世界上任何国家和地区的产品和服务。在未来五年内，阿里将在全球范围内建立起一个可以服务20亿消费者和数千万企业‘全球买，全球卖’的商业生态平台。”近年来，阿里巴巴还进行了一系列国际合作，加快国际化步伐。2013年，阿里巴巴购入美国两日送达快递服务商Shop Runner部分股权。2014年，阿里巴巴宣布和澳大利亚邮政达成合作协议，同年还入股新加坡邮政。2015年，阿里巴巴加快国际化步伐，宣布进军韩国物流，与巴西邮政签署了合作备忘录。阿里巴巴旗下天猫国际已完成引进包括麦德龙、亚马逊、Sainsbury’s（森宝利）、House of Fraser、Royal Ahold（皇家阿霍德）等欧美顶级品牌商，同时引来美国、英国、韩国等12个国家的“国家馆”入驻。聚划算平台携手泰国商业部推出泰国美食生活年卡，将泰国的美食、乳胶家纺、旅游等产品引入。2017年，在公司成立18周年庆典上，马云公开表示，阿里巴巴已经在21个国家和地区建立了办事处①；电商业务已经覆盖全球70个国家和地区；支付宝业务涉及200个国家和地区，阿里云在14个国家和地区建立数据中心。

亚马逊最早启动全球化战略，先后布局加拿大、印度等国家。在亚马逊全球站点，跨境电商的销售额已占据第三方卖家销售总额的近1/4，中国卖家就占其卖家总数的1/4。

案例：阿里巴巴全球化的e-Hub项目

2017年3月，阿里巴巴与马来西亚签署合作协议，在吉隆坡打造中国境外首个服务于e-WTP（Electronic World Trade Platform，电子世界贸易平台）的国际超级物流枢纽（数字中枢）。首先，e-Hub包含基本的跨国物流服务，涉及进口、出口，B2B、B2C，以及国际贸易的中转业务。其次，e-Hub将享受政策和通关的便利。再次，e-Hub能够与阿里巴巴整个生态圈进行连接、协调和互动，成为电商、金融、云计算、物流等资源整合的综合服务中心。最后，阿里计划在e-Hub投入更多智能化和自动化设施，提高物流效率，通

① 阿里18周年超级年会马云演讲全文：理想主义者的责任和担当（附视频）[EB/OL].（2017-09-09）[2019-10-22]. http://www.sohu.com/a/190824463_313170.（引用时有微调）

过应用现代信息技术加快实现物流的“全球72小时必达”。

2017年9月，阿里巴巴宣布未来5年将给菜鸟投资1000亿元，建设智慧的全球物流网络。目前，阿里巴巴集团在东南亚的物流仓库有16个，覆盖新加坡、马来西亚、泰国、越南、菲律宾、印度等重要区域。东南亚是阿里巴巴全球化的重点区域。菜鸟主要通过技术赋能东南亚物流网络。

截至2018年6月，阿里巴巴旗下菜鸟已经在全球建设了6个e-Hub关键节点，分别位于杭州、吉隆坡、迪拜、莫斯科、列日和香港。

8. 电子商务与入口的融合

（1）互联网发展进入新时代，入口仍是竞争焦点

1）移动互联网时代已来，万物互联时代即将来临。自1987年9月第一封电子邮件发出，我国已经有30多年的互联网应用历史。互联网历经PC互联网时代，已经进入到移动互联网时代，并且即将迎来万物互联时代。

在PC互联网时代，上网设备以台式机和笔记本电脑为主。互联网应用多以门户网站的形式呈现给网民，主流应用包括新闻资讯、电子商务、搜索、视频娱乐等，代表公司有百度、腾讯和阿里巴巴。这一时期，城乡之间的互联网鸿沟明显，网民多集中在城市。

今天，我们正经历移动互联网时代，智能手机广泛普及，移动互联网提速降费，手机App大爆发，各种应用层出不穷，社交、网络购物、视频、地图、游戏、生活类服务……以移动互联网为标签的平台崛起，微信、拼多多、今日头条、滴滴、饿了么等快速占领手机屏幕。互联网门槛降低，农村网民成为增长主流，城乡数字鸿沟逐步得到弥补。

未来，随着人工智能、5G、物联网、云计算等现代信息技术的广泛应用，万物互联时代即将来临，智能家电、可穿戴设备、智能汽车、机器设备等都与互联网相连。人与人、人与物、物与物之间将实现24小时无死角互联互通。互联网应用将不局限于消费互联网，还将更广泛地覆盖工业互联网、公共服务等各个领域。

2）入口发挥越来越重要的作用。互联网入口是指进入互联网应用所必经的一道门或者一个关键节点。无论在互联网发展的哪个时期，互联网入口都是互联网公司争夺的主战场。

“流量为王”是永恒不变的竞争真理，在零售领域更是如此。在线下、线上流量即将饱和的背景下，流量成为稀缺资源。零售成败的关键是留住老用户，增强现有用户的活跃度，与此同时获取新流量，提高流量的整体转化率。在网络时代，零售的竞争就是用户的争夺，也是流量的竞争。如何找到用户，建立连接，增强黏性，促进交易是电子商务零售的核心要务之一。而用户的争夺就演变成流量的入口之争。

从互联网行业的游戏规则来看，风险投资通常只投给细分市场的前三名。衡量互联网企业价值和发展潜力的重要指标之一就是流量或者用户数。互联网市场以往的游戏规则是，只有“烧钱”，才能获得用户；有了用户，才能具有优势地位；有了优势地位，才容易吸引风险投资；有了风险投资，才有资本继续烧钱扩张。如此循环，直至平台用户达到一定规模。然后，平台通过上市获得更多的资本和影响力，完善产品和服务，从而进行横向和纵向扩张，稳固市场地位。此时，风险资本套现出局，获得超额利润。几年前，共享单车市场发起补贴大战就是互联网行业游戏规则的体现。事实上，单纯的共享单车平台的盈利能力和发展前景并不被投资人看好，他们更在意的是共享单车未来作为必经入口所带来的其他商业价值。

从互联网平台自身特点来看，互联网平台属于双边市场，具有聚集性和网络外部性[①]。网络外部性意味着一种类型用户数量的变化会显著影响另一种类型用户的数量。尤其是网络购物平台的这种特征更加明显。网络购物平台通常具有两类用户，购买者和商家。以淘宝平台为例，平台上的商家数量越多，提供的商品越丰富，同类产品竞争就会越激烈，价格就会越低廉，服务质量就会更好，对网购用户的吸引力和价值也就越大。同样，平台上的网购

① 叶秀敏，平台经济的特点分析［J］. 河北师范大学学报（哲学社会科学版），2016（2）.

用户越多，购买力越强，平台对商家的吸引力就越大。网络零售平台通常采取免费策略，通过免费，迅速增加用户数量，进而促进另一方用户增加，从而推动增值服务的销售。平台只有吸引足够多的用户和商家，才能形成有优势地位的商业生态，才能通过增值服务获得盈利。可见，入口之争就是用户之争，也是资源之争，更是生存和发展之争。

从发展趋势看，不管是智能硬件厂商还是应用服务商，都在试图建立入口商业生态。通过一个入口，引入更多的流量，同时连接更多的商业应用，形成一个开放的商业生态平台。一方面，用户可以一站式地享受更多的服务，提高用户满意度，增加用户黏性；另一方面，一方用户的增加，可以促进另一方用户的增长，也会带来增值服务收益。即使没有增值服务收益，流量分成的利润也相当可观。苹果商店就采取与开发者 3：7 分成的比例而获得高额收入。

3）入口一直是互联网领域的竞争焦点。当前，互联网领域的市场竞争已经转化为入口的竞争。谁掌控了入口权，谁就主宰了互联网的话语权。一旦入口获得海量用户资源，就可以顺势向其他若干个应用导流，扩大流量的商业价值。当前互联网市场竞争的主要规则就是占领入口，抢占用户资源，获得流量，进而引入其他增值服务和应用，获得用户黏性和超额利润。获得入口，就意味着获得了流量和市场，相应地就会获取更多的机会和发展空间，从而抬高其市场估值，获得更多的风险资本和社会资源（见图 4–5）。

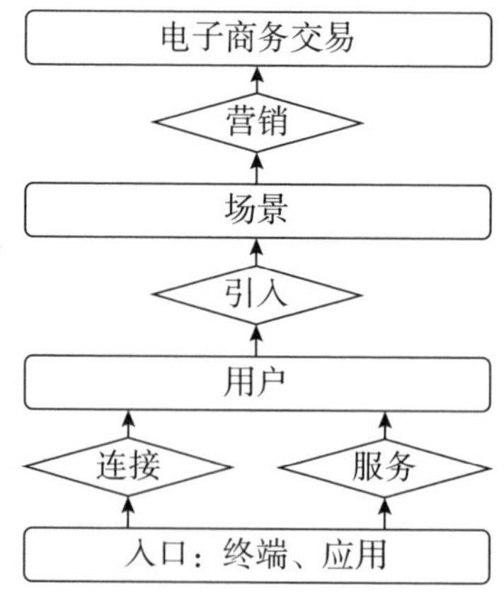

图 4–5　电子商务与入口的融合

互联网企业间的入口之争一直就没有停止过。从早期的门户网站的流量之争，到网络购物网站的价格之争，到后来的3Q（此处指奇虎360和腾讯QQ）大战、百团大战等。类似的入口之争还有很多。例如，智能手机强行捆绑App，导致用户无法卸载，归根到底就是强制给用户推送入口。再如，免费杀毒软件捆绑浏览器和游戏软件，旨在通过杀毒软件入口，争夺浏览器的市场份额。再如，2016年的共享单车大战，各平台争夺的不是共享单车市场，而是入口之争。再如，2017年，短视频和小程序成为资本关注的风口，投资人看中的关键点之一也是这些应用的入口优势。

（2）网络零售入口呈现多元化趋势

我国网络零售业发展至今，大致经历了两个发展阶段。第一个阶段是传统网络零售阶段。传统网络零售阶段从1999年第一家B2C公司8848成立至2018年，历经20年历史，它的特点是入口单一，以网络购物平台入口为主。例如，消费者购买物美价廉的商品，会直接登录淘宝平台；购买家电产品，会直接进入京东网站；购买品牌打折服装，会选择唯品会；等等。第二个阶段是新零售阶段，从2018年开始，线上和线下加快融合，消费者入口呈现多元化趋势，凡是有消费者出现的地方，往往就会有网络购物的入口。例如，通过微信购买电影票；看视频直播时直接被吸引在线下单交易；通过冰箱屏幕直接下单采购蔬菜；在朋友圈点击微信小程序的优惠团购；等等。

当前，入口呈现多样化、分散化和泛化趋势。入口大体上包括硬件和软件两类，硬件主要包括各种智能终端，软件主要指各种互联网应用（见图4–6）。

1）硬件入口。随着万物互联的智能社会的来临，智能硬件都能被连入互联网。智能终端主要包括智能手机、智能电视、智能冰箱、可穿戴设备、智能汽车等。智能终端除了具有硬件特有的功能外，还是互联网的主要入口之一。智能终端让物及相关的人接入大的互联网生态，使得场景的构建具备了可能性。例如，智能冰箱会感知并提前提醒某种蔬菜短缺，需马上下单订购，并且消费者在冰箱屏幕上就可以实时下单。有的冰箱屏幕还提供视频节目，

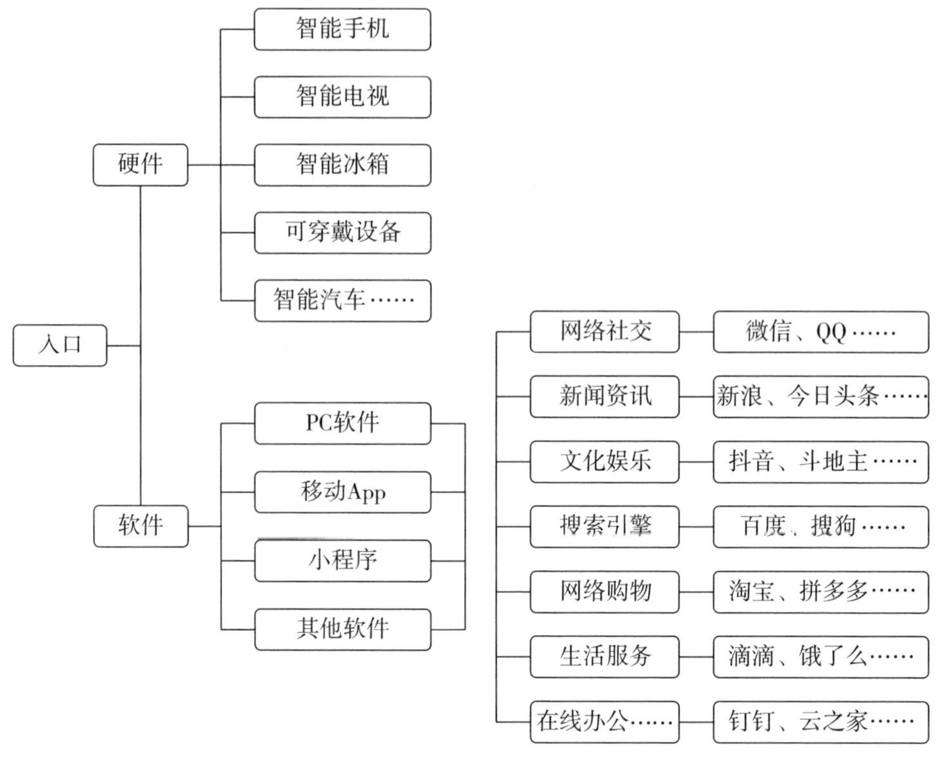

图 4-6　入口分类

人们可以一边加工食材，一边欣赏节目。此外，智能设备又具有个人属性的特点，它属于某一个特定的人，有独特的个人背景和消费需求，通过大数据可以实时捕捉到这种需求。

智能汽车的研发和量产近年不断取得突破，智能汽车不仅是交通工具，还是重要的互联网入口。据预测，到 2035 年，无人驾驶汽车市场份额将达到 75%。目前，阿里巴巴、百度、腾讯已经纷纷布局智能汽车市场。除了驾驶功能，智能汽车搭载的在线平台还具有导航、商务办公、娱乐、购物、资讯、社交等诸多应用。在无人驾驶汽车内，乘车者既可以在车内借助大屏幕与同事召开视频办公会议，也可以在线欣赏娱乐节目，还可以在线搜索商品信息，实时在线下单采购。乘车者刚进家门，刚刚订购的新鲜蔬菜和水果也随即送货上门。

智能电视的优势是屏幕大，占据客厅的重要位置。智能电视不仅可以收看电视节目，同样也可以成为商务办公、娱乐、购物、资讯、社交等诸多应用的入口。小米和诸多电视品牌企业都在抢占智能电视市场。2019 年，华为也宣布进军智能电视市场，将该产品命名为智慧屏。智慧屏显然是家庭重要的互联网入口，它将具有影音娱乐、信息共享、控制管理和多设备交互功能。

可穿戴设备同样是流量的入口，可以连接网络医疗、生活服务、在线教育、网络购物等。根据 IDC（互联网数据中心）数据显示，2018 年全年可穿戴设备出货量为 1.722 亿台，同比增长 27.5%，其中智能手表同比增长 54.3%。据悉，PayPal 已经研究出可以让用户使用智能眼镜在 AR 场景下购物以及支付的技术，佩戴这种智能眼镜，可以在虚拟环境中看到货架上的商品的详细信息，并且轻松完成订单交易和支付环节。

电脑依然是网络零售的重要入口。电脑不仅能加载各种互联网应用，屏保跳出来的各种诱人的广告更是令人应接不暇，让人无法控制购物的欲望。有些广告能恰到好处地勾起用户的购物欲，产生需求之外的冲动消费。根据麦肯锡报告，网络消费额中，有 39% 是新增消费。

智能冰箱不仅可以储存蔬菜，它也是厨房重要的互联网入口。智能冰箱还能感知蔬菜储存和消耗数据，通过文字或者语音的方式与主人进行交流，并可以根据指令完成蔬菜订购、支付全过程。海尔发布的海尔馨厨互联网冰箱系列，以冰箱为载体，借助海尔智慧云形成了“中粮集团 + 生态农业基地 + 农民 + 我买网 + 消费者”的链条。在这个云平台上，汇聚 400 多个生态食材供应商。使用该冰箱，消费者不需要到超市采购蔬菜，在冰箱上就可以一键解决，商品就会即时送上门来。冰箱不仅有其自身商品功效，还作为一个超级连接器，连接了商品、用户和食品供应商。智能冰箱还提供可追溯功能，拿起食材的包装，将溯源码对准冰箱扫描，食材验收、清洗、加工等信息全部都呈现在屏幕上，实现可追溯，保证食材质量。用户在家就能买到可查询产地、检疫等全部信息的健康食材。

智能手机是一个非常典型的流量入口。近年来，智能手机快速普及，根据 IDC 数据，2018 年整体智能手机市场共计出货 14.049 亿台。智能手机除了作为智能终端，它还是非常重要的流量入口。苹果公司不仅通过销售手机获得利润和海量用户资源，还通过搭建应用商店，汇聚各种应用，方便使用者下载，苹果商店因为与开发者分成而获益颇丰。Sensor Tower（数据分析公司）的报告显示，2018 年三季度苹果应用商店程序下载量同比增长 10.9%，达 271 亿个，收入达 120 亿美元，同比上涨 23.3%。

案例：华为智能手机成为流量入口

近年，华为手机异军突起，从第一款手机面市至今，华为 8 年销售量增长 68 倍，2018 年手机出货量 2.06 亿台，即使在贸易战背景下，2019 年上半年，华为手机仍然保持 1.18 亿台的出货量，同比增长 24%，成为全球第二大手机供货商。

在硬件快速成长的同时，华为把手机打造成了一个物种丰富的互联网入口。首先，拿到手的华为手机，基本预装了大部分常见 App，包括手机管理软件、天气、视频、图库、云服务等，值得一提的是，华为绑定的自主应用软件并不是为了盈利，而是让手机用户体验更好，以华为视频软件为例，播放的缓存连续剧没有一秒广告，这是其他视频软件无法比拟的。其次，从应用商店，消费者也可以下载所需要的 App 应用。

2）软件入口。随着移动互联网和智能设备的发展，互联网应用的种类也越来越丰富，涉及诸多领域，包括网络社交、文化娱乐、网络购物、新闻资讯、搜索引擎、生活服务、公共服务等。从另一个角度，互联网应用也可以分为 PC 软件、移动端 App 程序等。与硬件终端厂商想法相同，应用服务商也都在试图建立入口商业生态。在每一个入口，连接诸多各领域的商业应用，提供多元化服务，既方便用户，又增加自己的核心竞争力。

微信在 2011 年推出，短短几年活跃用户数已经超过 11 亿。微信作为社交平台，连接了亲朋好友，不仅可以文字聊天，还可以语音和实时视频聊天。用户对微信已经产生比较大的依赖性，日均使用时长是 64 分钟[①]，日均启动次数达到 17 次。在社交流量的支持下，微信还将流量优势引入了购物、电影院、出行、理财、支付、城市生活服务等场景。用户不需登录其他 App 以享受服务，微信也同样获得了流量带来的增值利润。

支付宝同样不仅仅是单纯的支付工具，基于 10 亿用户数，它还广泛覆盖了消费者可能需要的其他功能和服务。凡是与钱有关的功能和服务，都能看到支付宝的身影。支付宝是拓展新业务的先锋，据悉，余额宝的八成用户源自支付宝。更有数据显示，目前淘票票、飞猪、口碑等和线下本地生活高关联的版块，超过五成的流量源自支付宝。阿里巴巴 2018 年第二季度财报显示，支付宝活跃用户中，超过七成使用了 3 项以上的功能（见表 4–1）。

表 4–1　　支付宝涵盖的功能和服务

大类	细分领域
电商消费	淘宝、天猫、淘票票
金融服务	信用卡还款、基金、保险、发票、余额宝、花呗、芝麻信用
本地生活	外卖、打车、租房、医疗、快递、公交地铁
政务	公积金、社保
公益	蚂蚁森林、蚂蚁庄园
小工具	记账、汇率、AA 收款、红包

短视频已经成为流量的重要入口。随着智能手机的普及以及 Wi–Fi 的深入应用，移动短视频应用爆发。与图片和文字内容相比，视频内容更加

① 极光大数据：2019 年社交网络行业研究报告［EB/OL］.（2019–04–17）［2019–10–22］. http://www.sohu.com/a/308636478_483389.（引用时有微调）

丰富并且接地气，视听效果更能满足用户碎片化的需求，而且制作门槛低，传播速度快。2018年，短视频用户规模达6.48亿，主要服务商快手和抖音的活跃用户数都超过5亿人。短视频应用具有较大的用户黏性，据统计，抖音上大约20%的用户每天使用该应用超过1个小时[①]。短视频同样是网购的入口。广西巧妇9妹就成功利用视频直播，帮助销售农产品。巧妇9妹的家乡位于广西灵山苏屋塘村，应用短视频直播原汁原味的日常生产和生活。因为视频内容质朴接地气，人物丰满而真实，节目短时间就吸引了200万粉丝关注，观看达到5亿人次，获取了宝贵的流量资源。巧妇9妹将视频流量引入多个电商平台，如淘宝、京东、拼多多、微店等。依靠小视频直播和互动，巧妇9妹拉近了和粉丝的距离，粉丝通过小视频内容体验到农产品生产的全过程，增强了信任。目前，巧妇9妹已经帮助乡亲们卖出150万公斤水果，月流水超过100万元。因打包和物流需要，巧妇9妹还提供了几十个兼职岗位，带动全村共同致富。巧妇9妹也成为农产品销售的网红品牌。

小程序异军突起，成为网络零售的重要入口。截至2019年1月，微信小程序数量已超230万[②]，活跃用户数达到4亿人，更加值得关注的是小程序传播效果好，被网民分享的频次提高到日均4 ~ 6次。小程序的另一端连接200多类目和数十万商家，小程序作为网络零售重要入口的趋势越发明显。2018年微信小程序交易额增长近13倍。拼多多、蘑菇街、唯品会等电商平台借助微信小程序获得了巨大流量和用户资源而快速成长。以大眼睛社区App为例，该App一度由于获客成本高，用户资源少，应用门槛高导致经营困难。而在转型为两款小程序后，大眼睛社区用户资源产生了爆发式增长。大眼睛买买买商店和大眼睛买买买全球店在“双十一”期

---

① 亿级新用户红利探秘：抖音、快手用户研究报告 | 企鹅智库［EB/OL］.（2018-04-09）［2019-10-22］. https://tech.qq.com/a/20180409/002763.htm.（引用时有微调）

② 酷客多：2019小程序电商行业生态数据报告［EB/OL］.（2019-04-04）［2019-10-22］. https://www.useit.com.cn/forum.php?mod=viewthread&tid=22836.

间销售额达到了 2020 多万元[①]，用户黏性持续增长，消费者重复购买率接近 50%。经过快速传播，大眼睛总共建立了 700 个购买群，用户数达到 5 万人。

输入法也是互联网的重要入口。输入法不仅是在电子设备记录和沟通人们思想和活动的方式，它还成为重要的流量入口，在输入法中，可以直接与购物网站相连。

企业网站也是网络购物入口。一些企业网站增加购物频道，吸引更多用户驻留，增加黏性。登录工商银行网站的融 e 购栏目，让人感觉登录了一个专业的购物网站。

（3）入口之争推动网络零售市场竞争进入新阶段

未来，随着物联网时代的到来，越来越多的智能终端和网络应用作为入口，连接各行各业的消费人群，为他们提供更多的全新在线服务。随之而来，线下场景与线上场景之间的界限将渐渐模糊，真实与虚拟交织，会诞生新的竞争主体，产生新的业态。再加上语音识别、图像识别、VR、AR、情绪感知等技术的发展，各类智能终端将加速与各种应用的融合。

通过终端和各种应用的入口赋能，可以顺利找到用户，而通过娱乐和社交等应用可以增加用户活跃度和黏性，通过大数据可以了解用户的特点和需求，通过连接可以将用户带入商业消费环节。每增加一项服务，就把用户引入一个全新的应用领域。通过入口，潜移默化地将用户带入各类应用和场景，就有可能将流量转化成网络零售交易额。网络零售与入口的融合，更能打通线上与线下，虚拟与现实的各个碎片化场景以及各个消费环节，最终实现商业目的和价值增值。此外，在社交过程中，好友分享产品体验及评价，也是产品营销传播的过程，更是在分享零售的入口。

由此，未来的网络购物入口将越来越泛化。各种入口相互交织，融为一

① 社交电商经典案例从烧 2000 万将近倒闭到月赚 2200 万的门道［EB/OL］.（2017-11-28）［2019-10-22］. https://www.sohu.com/a/207243622_743998.（引用时有微调）

体，带来了流量，连接了各种应用和场景，进而转化为线上传播或者购买行为。未来，网络购物市场一定是线下与线上相融合，全渠道，多入口的立体空间，单纯的电商时代也许将一去不复返。只有长远布局，协同发展，才能认清互联网市场的本质和全部。单一渠道、单一入口都将变得被动，处于市场劣势。未来，网络购物市场的竞争会更加激烈。终端厂商、互联网应用服务商都将作为新的市场主体进入市场，无形中增加了电子商务平台企业的竞争对手。未来，阿里巴巴的竞争对手不仅是京东、拼多多，还会有抖音、腾讯、小米、海尔、工商银行……

针对新的竞争态势，网络零售平台企业要做好充足的准备。一方面，要加大市场研究力度，准确把握未来技术和商业的发展趋势，时刻了解用户的需求和使用习惯，提前进行谋划和布局。另一方面，要秉承开放的心态，积极与主要入口企业建立广泛的合作关系，实现低成本互利共赢。

二、发展趋势带来深刻改变

1. 发展趋势改变认识

在电子商务发展的历程中，社会各界人士对电子商务的认识随着实践的发展由浅入深。1997 年左右，人们对电子商务的认识仅仅是无纸化办公。随着电子商务的广泛应用，人们对电子商务的认知逐级提升，包括“渠道观”“生态观”“平台观”“基础设施观”等。在对电子商务的认知过程中，也不乏否定和争论，如 2003 年的“泡沫说”，甚至在 2017 年年初还发生了“虚实之争”。当今，在技术快速迭代和大融合的大背景下，尤其是虚实的快速融合，虚实之间的边界越来越模糊，人们对电子商务又有了进一步的认识。不管是电子商务零售，还是实体店面零售，零售的本质都没有变，都是将商品或者服务销售给消费者，最终目的都是满足消费者的需求。未来，在融合的背景下，入口融合、终端融合、内容融合、线上和线下融合、技术融合等新应用、新服务会不断涌现，电子商务平台的入口作用越来越弱化，电子商务平台将更加聚焦专业化的交易服务。

在电子商务发展初期，零售商业生态系统的核心主体无疑是电子商务零售平台，它在整个商业零售过程中发挥关键作用：缩短了交易环节，增加信息透明度，拓展了市场范围，连接了海量用户。而随着虚实经济的深入融合，在新一代信息技术的支撑下，零售将无处不在，无时不在，创新形式也将更加丰富。语音购物，手势挑选，眼神支付都将成为可能。人们购物不用登录专门的购物网站，可以随时随地，按情感需要，在任何入口、任何设备、任何场景诱发需求的情况下进入交易环节，完成购买行为。未来的零售将更加便捷，更加随心所欲，线上和线下互相补充，虚实之分将没有任何意义，事实上也无法进行彻底分割。

在未来的零售商业生态系统中，核心主体将回归为消费者和商家。在“市场导向”的驱动下，商家围绕消费者的需求进行一系列的营销活动，直至实现交易并获得消费者的满意。而为了支撑交易活动顺利开展，零售服务业将发挥巨大作用，包括交易服务、物流服务、支付服务和信用服务等。这些服务既包括线上部分，也包括线下部分。在零售服务业，电子商务零售平台成为提供交易服务的重要主体，例如淘宝、京东开放平台等，为买卖双方提供交易服务，提高成交效率（见图 4–7）。与此同时，实体店面也同样承担类似的交易服务功能，物美、王府井百货也是新零售生态系统中交易服务的重要主体。

在融合的背景下，电子商务增值服务模式也将受到严峻挑战。目前，网络零售开放平台的主要盈利模式之一是给商家提供的广告、竞价排名等引流服务。而未来的用户流量将更多来自平台外部的资源。如前所述，未来的流量将更加碎片化，主要来自其他互联网应用、各种智能终端和线下渠道等。电子商务平台的流量优势越来越弱，相关的增值服务收入也将逐渐减少。面临潜在危机，电子商务平台企业必须进行服务创新。

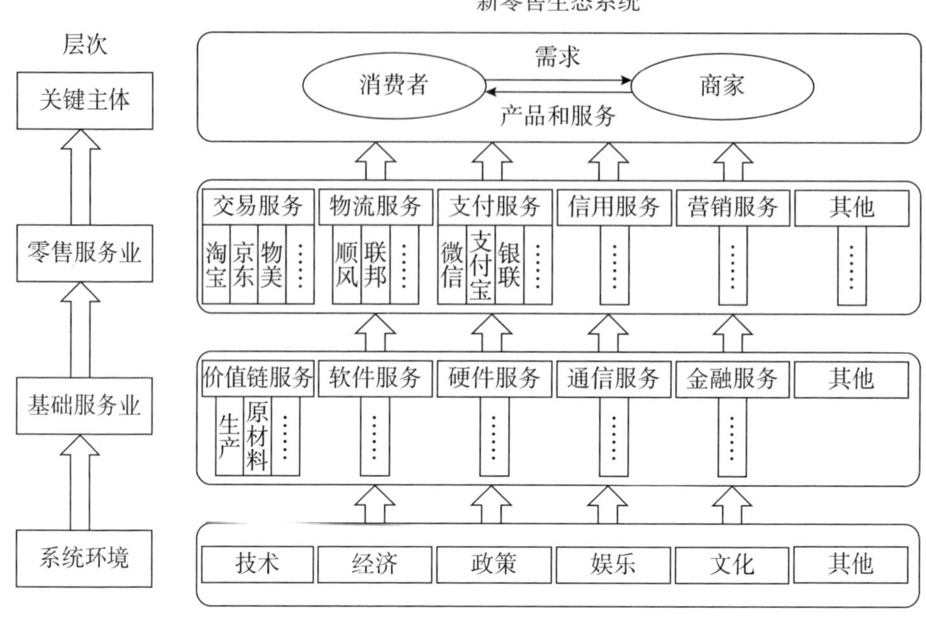

图 4–7 新零售商业生态系统构成

2. 发展趋势改变竞争趋势

电子商务发展的融合趋势势不可当，是科技创新、消费升级、社会进步的必然结果。这种融合趋势也带来了电子商务市场竞争趋势的变化。

（1）电子商务市场竞争边界更加虚化

电子商务市场的发展趋势导致电子商务市场的边界越来越模糊。首先是电子商务市场的国家边界逐步消失，实现市场的国际大融合。驱动电子商务市场国际融合的因素一是互联网本身的无国界特点，二是跨境电子商务的快速发展，三是全球平台的国际化战略，四是我国经济开放力度逐步加强。其次是场景互相融合，很多场合下不是为了购物而购物，而是在情绪和多诱导因素驱动下，不知不觉、随时随地就有可能完成购物行为，导致电子商务市场的竞争是全方位、多领域的竞争。

（2）电子商务市场竞争主体更加泛化

竞争对手无处不在。未来的竞争就是入口和流量的争夺，既包括传统的电子商务平台运营商，还包括终端制造商、传统生产企业、各类互联网应用平台、流通企业、金融机构、物流企业等，这些企业的产品或者是服务都可以作为流量入口，借助平台实现商务活动和订单交易。平台既可能是自建的商务平台，也可能是开放的第三方商务平台。

（3）电子商务市场竞争方式更加细化，更加贴近用户端

与现有的赤裸裸的价格战、补贴战、广告战、口水战、圈地战等硬性竞争不同，未来的竞争方式将以软服务为主，更加具有温度。未来的竞争将以用户为导向，以周到贴心的服务为支撑，通过潜移默化的理念、情感和品牌渗透，影响消费者的认知、态度、决策和满意度。

在技术日新月异的今天，消费需求、产业竞争、市场环境都发生了翻天覆地的变化。传统的电商零售和实体店零售模式都面临巨大的发展瓶颈。只有全方位开放，感知趋势，拥抱变化，积极融合，勇于创新，才能跨越鸿沟，取得市场优势。未来，以用户为导向，基于大数据建立入口生态，实施场景营销，将是未来电子商务融合的主要方向。

第五章

竞争中存在的问题

一、竞争主体之间的关系和权责没有理顺

电子商务生态系统具有复杂性，整个系统的健康发展必然需要各个主体找好生态位，明确各自的权利、义务和责任，能够与其他主体进行良性互动，根据环境的变化进行快速反应。

电子商务生态系统具有复杂性，体现在以下几个方面：一是系统由众多主体构成，包括平台企业、商家、服务商（银行、物流企业）、消费者、政府、协会、媒体，每类主体还可以细分为更多的种类，并且每类主体的需求和特点也各不相同；二是电子商务系统正常运行，要涉及资金流、物流、信息流、商流的安全高效运转，每一类的运转也都涉及复杂的流程和海量的数据；三是与传统商业相区别，电子商务交易具有虚拟性，没有实体店铺，也没有区域、时间和品种限制；四是主体之间的关系具有动态的复杂性，包括平台和平台之间的关系，平台和商户之间的关系，商户和消费者之间的关系，平台和政府、协会之间的关系，消费者和协会之间的关系，等等。

电子商务系统健康发展面临各种挑战。这些挑战包括交易过程的简洁和顺畅，信息的安全性，商品的满意度和合法性，服务的个性化和高品质。电子商务生态系统的健康发展必须满足三个条件：一是主体能够明确自己的定位和权责，扮演好自己的角色；二是主体间能够实时沟通信息，能够根据情况快速反应，各方主体密切合作，处理各类突发事件；三是能够基于现有法律法规，充分利用现代信息技术及时应对系统性问题。

而当前，电子商务发展过程中出现的一些不和谐的声音，究其根源主要

在于主体定位不清、权责不明、协作不够。有的主体被人为赋予过高的义务，而有的主体却明显缺位，例如电子商务协会在商业生态系统运转过程中就常常处于缺位状态。尽管《中华人民共和国电子商务法》已经出台，但是各主体的权责需要进一步明确、细化，划分边界，根据问题性质建立沟通和应对机制。

案例：拼多多冻结商户货款

拼多多发展三年多时间，付费用户数已超过3亿人，每月活跃的商户数量有100万个。然而，在2018年6月，数十位商家来到拼多多上海总部维权，商家声称拼多多以“商品描述不符”为由，要求缴纳营业额300%的罚款，同时被冻结货款，有的商家被关掉关联店铺。在商家申诉却没有及时得到回应后，大批商家前往上海拼多多总部进行维权，讨要货款。拼多多则声称扣除商户资金是对商家售假、虚假宣传做出的惩罚，会100%赔付给消费者，而且在整个交易链条中，均通过第三方的监管账户进行。

拼多多与商户的纠纷至少反映出拼多多在快速成长过程中，运营管理工作还需要不断细化和完善，包括平台和商户之间信息沟通不畅，各自的权责和游戏规则没有明确，遇到突发问题没有应急预案等。

二、平台无序竞争问题时有曝光

在电子商务领域发生的一系列平台之间的纠纷表明，平台竞争秩序有待进一步完善。在2017年的“六一八”网络购物促销活动中，媒体报道显示，面对“二选一”，淘品牌七格格和裂帛宣布退出京东[①]。2017年的“双十一”，同样爆出平台要求商家只能在自己平台做促销，并强令商家必须与

① 京东裂帛开撕之后，淘品牌七格格也宣布退出了［EB/OL］.（2017-06-20）［2019-10-21］. http://www.iimedia.cn/52588.html.（引用时有微调）

其签订“独家合作协议”，保证产品只在该平台售卖，并关闭在其他平台上的店铺[①]。同是2017年6月，菜鸟和顺丰公司因开放用户信息接口问题相互中断数据连接，导致用户无法查询物流信息，影响消费者体验。2018年4月，滴滴在无锡上线外卖业务，然而一些入驻的商家却表示，由于加入滴滴外卖，而被美团叫停了服务端口[②]。一系列不理性竞争的爆发表明，在日趋严峻的竞争环境下，平台企业为了获得一己私利，不遵守市场规则，进行盲目竞争。

电子商务平台的无序竞争危害严重。一是破坏了市场竞争秩序，扰乱了公平竞争的市场环境。二是损害了商家的自由选择权，妨碍了商家拓展市场，导致生意越来越难做，削弱了商家获取更多客户和商业机会的公平权利。三是无序竞争也损害了消费者的利益，降低了消费者的购物体验。四是盲目竞争违背了企业的初心和愿景，短视和自私行为不利于企业长远发展。

此外，平台在线下布局时，存在服务网点重复建设，资源浪费的现象。前几年农村电子商务成为平台必争之地，平台比拼网点数量，导致同一个村既有邮乐购、供销e家、淘宝网点，又有“电子商务进农村”国家财政支持的网点。一个村的多网点运营，导致重复建设、资源浪费和无序竞争。此外，这种混乱状态也势必导致大批农村网点倒闭、关停，影响农民的创业积极性，损害农村电子商务的健康发展。

最后，平台在市场扩张的同时，往往忽略自身建设和管理上的一些问题。如本年度热议的霸王格式条款问题，如注册时强制要求获取用户的联系信息、地址信息、头像信息，有的甚至还要身份信息，有些平台还在注册协议上规避信息安全责任，强制签署信息免责条款。此外，还有大数据“杀熟”问题，

① 媒体人评论：天猫玩“二选一”，谁来替消费者说话？［EB/OL］.（2017-11-09）［2019-10-21］. http://www.sohu.com/a/203337084_572612.（引用时有微调）

② 滴滴反击美团：悄然在无锡上线外卖业务，入驻商家收到警告［EB/OL］.（2018-04-01）［2019-10-21］. https://baijiahao.baidu.com/s?id=1596553059538019687&wfr=spider&for=pc.（引用时有微调）

最近一些网友曝光出行网站利用大数据对用户进行区别定价、捆绑销售问题，都引起网友的强烈不满。一些自营电子商务平台还存在延期占用合作商家的货款，利用占用的商家货款进行自身平台的运营和规模扩张，给商家生产和经营造成伤害，一旦平台资金链断裂，将给商户带来不可挽回的损失，导致危机大面积爆发，具有巨大的市场风险隐患。

三、假冒伪劣屡禁不止

假冒伪劣依然是制约电子商务健康发展的关键。部分商家在经营过程中存在虚假宣传、以次充好、退换货难、服务态度恶劣等问题。根据第三方电子商务消费纠纷调解平台数据，2017 年受理的投诉案件同比增长 48.02%，零售电商类投诉占全部投诉的 60.59%，投诉热点问题依次是发货问题、退款问题、商品质量、退换货难等。

为了获得好评，混淆商品真实反馈，一些商家对好评的消费者给予现金奖励，致使一些劣质商品的用户评价很高，人为混淆了优劣，破坏了信用评价体系的公正和公平。更加恶劣的是，一些平台或者商家竟然直接购买第三方服务，为自己“刷单”“刷好评”。“刷手”俨然已经成为互联网就业的新兴职业，到处充斥着招聘“刷手”的广告。以前，消费者购物之前，都先阅读其他消费者对商品的评价，吸取其中的经验教训，然而“刷好评”盛行以后，“用户评价”功能不能保证消费者获得真实客观的信息，已经无法作为消费者下单的依据。这些弄虚作假的行为严重破坏了市场规则，损害了市场竞争的公平秩序，也降低了消费者体验。

假冒伪劣屡禁不止有多方面的原因：一是消费者维权意识薄弱，因为商品总价低就忍气吞声；此外维权周期长，维权成本高，常常是消费者惹一肚子气也没有解决问题，维权渠道不畅；等等，这些都制约了消费者的维权行动。二是生产、销售假冒伪劣商品成本低，设备简易，偷工减料，不需要高端人才，生产出的商品成本远远低于正规厂家。商家即使被处罚，也不会伤筋动骨，换个地方又可以继续加工。三是平台的商业模式特点导致平台姑息假冒伪劣商家的存在，因为用户规模越大，平台增值服务越受欢迎。四是平台运行规则及权责尚不明晰，市场监管部门监管手段落后，对假冒伪劣行为处罚力度轻，起不到惩戒和威慑作用。

四、对安全问题重视不够

电子商务平台涉及信息流和资金流，涉及用户的个人信息安全和资金安全问题。安全问题一旦发生，就会侵犯消费者的利益，平台和行业发展也会受到影响。安全问题不仅要求技术、运营、客户服务等部门高度重视，还必须与物流等合作伙伴协作，共同建立全面的信息安全防护体系，在每个细微环节做到万无一失。

电子商务平台在发展过程中，往往没有把信息安全问题放在企业发展战略的重要位置，致使网络安全事件频繁发生。2016 年，有 1.85 亿用户感染移动互联网恶意程序。在恶意程序中，流氓软件占比最高，达 60% 以上。调查数据同样显示，46.3% 的国内网站存在漏洞，安全形势不容乐观。央视 3・15 晚会上曝光公共 Wi-Fi 有安全漏洞，犯罪分子可轻易获取登录用户的个人隐私信息，包括手机号码、家庭住址、身份证号和银行卡号等。2018 年 8 月，网上曝出华住旗下酒店用户数据信息交易行为，泄露数据涉及 1.3 亿人，标价约为 37.6 万元，其旗下酒店包括汉庭、桔子等多家连锁酒店。2017 年，京东协助公安部破获一起泄露信息案件，京东网络安全部员工郑某，曾在多家平台任职，监守自盗，与黑客长期勾结，泄露多家平台的 50 亿条公民信息。这些信息的泄露，为犯罪团伙实施违法犯罪活动提供了有力的数据支持。

案例：1号店用户信息遭盗卖[①]

2018年5月，有文章称1号店的90万全字段用户个人信息在网上遭到贩卖，标价为500元，已有用户账号资金遭提现或挪用。这些信息不仅包括用户姓名，还包括手机、订单金额、地址、邮箱等。针对用户信息泄露问题，“1号店”表示已经开始进行内部调查，并且暂时冻结用户账户里的资金，避免被盗取。

五、平台企业创新遇到瓶颈

最近，电子商务平台在创新方面进展相对缓慢，表现为创新型独角兽企业相对较少，杀手级应用也不像以往那样频繁涌现。在技术创新方面，主要是人工智能领域的初步尝试，包括无人机送货、无人超市。在模式创新方面，移动出行、互联网金融、社交+商务几个方面取得初步突破，线下+线上开始探索融合模式。在终端创新方面，便捷的移动端应用逐渐超过PC端应用，智能手环、智能眼镜开始出现。在渠道建设方面，农村网点建设覆盖面不断扩张。在战略方面，平台正在进行国际化、生态化布局。

平台创新进程缓慢的原因在于：首先，电子商务目前正处在生态系统发展的进程中，网络零售模式相对成熟，很难取得较大的突破性创新。其次，物联网、5G、虚拟现实、大数据、人工智能、3D打印等技术还没有大规模应用，新技术与电子商务的融合也很难在短期内取得实质性进展。最后，目前较大的平台企业都有十几年的发展史，这些平台的领导者受传统思维的桎梏，对“90后”“00后”等新崛起的互联网原住民的需求相对陌生，把握不准创新的脉搏。

---

① 1号店90万用户信息500元叫卖是什么情况?［EB/OL］.（2018-05-23）［2019-10-21］. http://www.chinairn.com/news/20180523/161502719.shtml.（引用时有删改）

六、个人信息被过度搜集和滥用，消费者合法权益受到侵犯

智能手机快速普及，网络提速降费，各种 App 功能越来越丰富，被广泛下载和应用，一些问题也随之而来。

个人数据被过度收集，消费者的选择权、知情权、隐私权受到侵害。一些 App 在使用之前没有明示用户的权限①，在安装过程中要求读取用户位置、通讯录等较敏感权限②，并且这些信息与使用该 App 无任何关联，甚至有的 App 未经提醒就开启相机、录音等敏感权限。如果用户不允许开放这些权限，App 就不准用户使用。App 读取用户数据后，存储在哪里、如何应用、是否安全等用户一概不知。App 掌握用户敏感信息的权限，使得用户面临隐私信息被泄露的风险。例如，开启了通讯录权限，App 就可能获得用户的通讯录和好友名单及他们的联系方式。报告显示，几乎所有的安卓 App 都会收集用户信息③，有些甚至多达20余项内容，包含真实姓名、账户、年龄、位置、喜好等私密内容。比如，50% 的 App 申请读取联系人权限；90% 左右的 App 试图读取读写存储设备和获取应用列表权限；在 2018 年上半年，获取“打开摄像头”权限的 App 比例达到 89.9%，获取“使用话筒录音”权限的 App 比例达到 86.2%，这两个权限也是用户最为关注的隐私信息。

用户数据资产被平台和 App 滥用，表现为以下三种情况。

一是 App 将用户的数据进行分析，为用户画像，方便平台进行个性化精准营销。当前，定向推送广告已经成为一些 App 和平台的主要收入模式，2017 年，谷歌广告营收达到 954 亿美元；2018 年二季度，Facebook 广告收入

① App 权限越界：多款 App 开启与主业无关的敏感权限［EB/OL］.（2018-01-19）［2019-10-21］. https://baijiahao.baidu.com/s?id=1589974566603156396&wfr=spider&for=pc.（引用时有微调）

② App 权限“越界”爱奇艺优酷开启与业主无关隐私权限［EB/OL］.（2018-01-19）［2019-10-21］.http://www.bjnews.com.cn/finance/2018/01/19/473159.html.（引用时有微调）

③《网络隐私安全及网络欺诈行为研究分析报告（2018 年上半年）》发布［EB/OL］.（2018-08-03）［2019-10-21］. http: tech. cnr. cn/techgd/20180803/t20180803_524322877.shtml.（引用时有微调）

130.4 亿美元；2018 年二季度，百度广告收入 31.1 亿美元。平台的推送信息，有些是垃圾信息和广告，影响用户工作、休息和正常生活；有些是诈骗信息，对消费者财产造成威胁。此外，过多的推送信息，表面看是针对用户的个性化智能推送，但实际上却影响了用户的选择权。2018 年 3 月，Facebook“数据门”曝光，涉嫌非法搜集用户个人信息和滥用。

二是平台滥用用户数据进行大数据“杀熟”。消费者的个人数据被平台和 App 获得后，平台基于大数据分析消费者的支付能力和偏好，针对不同消费者进行差异化定价，从而实现平台利润最大化。2019 年 3 月，北京市消费者协会发布的大数据显示，“杀熟”情况在较大范围内存在，有 56.92% 的被调查者表示有过被大数据“杀熟”的经历①。其中，网购平台、在线旅游和网约车等消费大数据存在的“杀熟”问题最多，并且很大一部分消费者明确认为大数据“杀熟”侵犯了消费者的公平交易权、知情权和选择权。

三是在流量为王的背景下，App 把用户的通讯录或者好友关系数据链当作唾手可得的流量资源，从而快速获得新用户，或者进行病毒式营销，大量降低营销成本。近年来，用户好友数据链被滥用问题频发。有的 App 采用隐蔽手段获得用户通讯录后，强行向用户的好友推荐新应用，并泄露用户已经使用该 App 的信息。这种滥用用户数据链的行为，完全没有遵循合法、正当、必要的原则，未经用户同意，没有明示使用方式和范围，完全忽视消费者对数据资产的拥有权。

Facebook 的裙带机构剑桥分析公司在未经用户同意的情况下，利用在 Facebook 上获得的 5000 万用户的个人资料数据，创建档案，并在 2016 年总统大选期间针对这些人进行定向宣传。“数据门”曝光后，Facebook 遭到网友大规模抵制，股价大跌，而且由于数据泄露事件将面临欧洲隐私监管机构巨额罚款。

---

① 北京消协：网购、在线旅游网约车大数据“杀熟”问题最多［EB/OL］.（2019-03-27）［2019-10-21］. https://tech.qq.com/a/20190327/005207. htm.（引用时有微调）

有媒体报道[①]，一些金融类App借助用户的关系网进行讨债。金融App利用其掌握的平台生态系统中的用户数据链，打电话给欠款人的朋友追问欠款人的下落，并且能具体提示二人之间的资金和礼品往来历史。有的甚至将用户的隐私信息泄露给第三方服务公司，由第三方公司进行催款。这种没有节制地使用用户好友数据链，涉嫌侵犯用户隐私权的行为，不仅使不相关的人被打扰，还让用户产生“被透明”的不安全感。

2019年3月，天津市滨海新区人民法院公布判决结果，要求抖音立即停止将微信、QQ开放平台授权登录服务提供给多闪使用[②]。抖音涉嫌在没有获得平台和个人用户授权的情况下，将平台上的用户个人关系数据链转发给第四方使用。

同是2019年3月，法学博士小凌对抖音、多闪发起了诉讼[③]，理由是两款App均存在过度读取手机通讯录的行为，在小凌没有授权的情况下，两款App均向他精准推荐了多位“好友”，这些好友包括了多年未联系的人，甚至前女友。与此同时，其在抖音的“隐私设置”里，“把我推荐给可能认识的人”与“向我推荐可能认识的人”开关均默认为打开状态。

---

① 康斯坦丁：大数据滥用 借贷平台肆意妄为［EB/OL］.（2015-09-19）［2019-10-21］. https://column.chinaolaily.com.cn/a/201509/19/WS5bf20914a3/0/a87ca93e66c.html.（引用时有微调）

② 法院正式裁定：抖音多闪立即停止共享微信用户信息等违规行为［EB/OL］.（2019-03-20）［2019-10-21］. https://tech.qq.com/a/20190320/006032.htm.

③ 法学博士生起诉抖音多闪，因其玩抖音刷到了前女友［EB/OL］.（2019-03-20）［2019-10-21］.https://www.yidianzixun. com/article/OLXMIMW7.（引用时有微调）

第六章

对策与建议

一、关于假冒伪劣问题的治理对策建议

假冒伪劣一直是制约我国经济高质量发展的关键，具有较大的危害性。一是降低消费者的体验，损害消费者的切身利益；二是假冒伪劣猖獗，侵犯其他企业的合法权益；三是扰乱正常的市场秩序，破坏公平竞争的市场环境。假冒伪劣屡禁不绝的原因在于：一是企业违法成本低，常常是打一枪换一个地方，或是重新注册一个企业名称；二是消费者维权门槛高、成本高，维权意识还相对薄弱，在一定程度上纵容了假冒问题；三是市场监管执法难度大，假冒伪劣行为越来越隐蔽，常常隐匿于线上和线下多个市场，还使用高科技手段作为掩护；四是市场监管部门的监管技术能力、监管手段、协同监管能力、标准和制度仍然滞后于市场发展。

针对假冒伪劣屡禁不绝的问题，建议从以下几个方面着手。

1. 建立全员监管的社会协同治理体系

打击假冒伪劣需要动员全社会共同参与，消费者、平台、监管部门共同协作，建立立体的监管体系。

消费者个人树立维权意识，遭遇假冒伪劣商品时应积极维权。根据实际情况，保留证据，向商家投诉，维护个人合法权益。对于无视消费者利益的商家，可以继续向 12315 平台或拨打专线电话投诉举报。

监管部门尤其是执法部门，应加大对假冒伪劣现象的监督检查和打击力度。质量监督部门加大抽查频次和力度，定期向社会公开抽检结果，对假冒

伪劣起到警示作用。监管部门和平台建立数据共享，提高对案件的快速反应能力，针对一个平台的案件，应在全网平台上发出协查通报，彻底打击违法犯罪行为，让违法者无处可逃。

平台企业连接了商家和消费者，在假冒伪劣问题上应该承担更大的监管责任。一是建立健全平台运行机制，提高商家的进入门槛，保留商家的真实的注册信息。二是建立健全完善的信用评价体系，对于刷单、刷信誉等行为给予下架、关店、列入黑名单等严厉处罚。三是针对消费者的投诉，进行快速反应，客观调查，切实维护消费者的合法权益。四是与有关主管部门建立互联互通数据共享、快速反应和协同行动机制，积极打击违法犯罪行为。

2. 对违法者重罚

市场执法部门应加大部门间的执法联动，提高监管效率和处罚力度，一罚到底，让屡教不改的制假售假者没有翻身的机会。李克强总理在 2019 年政府工作报告中提出严厉打击假冒伪劣商品，“依法打击制售假冒伪劣商品等违法行为，让严重违法者付出付不起的代价”。

一是公开曝光假冒伪劣犯罪分子，让他们曝露在老百姓的舆论压力下，让老百姓了解造假和售假的单位和个人，不会再上当。

二是对收缴的假冒伪劣商品进行销毁，让假冒伪劣退出市场，避免二次流入市场，坑害消费者。

三是提高消费者的维权和举报意识，对举报人实行重奖；鼓励消费者组织集体诉讼，让消费者团结起来，改变弱势地位，通过集体诉讼打击假冒伪劣。

四是加大对假冒伪劣违法违规的处罚力度，遏制违法犯罪分子的侥幸心理，让违法者付出高昂的代价，从内心敬畏法律法规。

五是加强相关法律法规的宣传，对重点案例进行深入剖析，对公众起到警示作用，对违法者起到震慑作用。

六是用现代信息技术武装执法者，做到科学监管、精准监管、智慧监管，高质量监督检查效率。

3. 建立健全社会信用体系

笔者最近经历的两件事让人印象深刻。第一件事是据某地方官员介绍，该地农民网商无抵押从银行贷款，几年来无一例不良贷款，原因是农民网商已经能够认识到个人信用的重要性，一旦被列入黑名单将无法坐高铁。第二件事是亲身经历的一件事，最近笔者在淘宝购物，一个包裹装有三件衣物，其中两件需要退货，刚刚发出退货申请，立刻收到短信提醒“由于您芝麻信用等级高，将收到即时退款”，随后收到货款到账的通知。此时，作为消费者，满意度和幸福感油然而生，深刻体会到遵守信用的重要性，也为平台大胆的尝试点赞。此时，商家还没有收到退货，还没打开包裹看到退货的数量和状况，完全是凭借信用体系建设，解决了信任问题，从而打通了商家和消费者的关系，营造了健康、向上的商业环境。

通过以上两件事，笔者深深地感受到建立完善的信用管理体系的重要意义。建立完善的信用体系，能够鼓励诚信，惩戒失信，推动自觉形成诚信自律和约束。建立完善的信用体系，能够警示社会主体的信用风险，降低交易成本，提高交易效率。建立完善的信用体系有助于营造健康的营商环境，保障社会秩序和市场经济的正常运行。因此，我国要加快推进我国信用体系建设。

首先，由政府有关部门提出信用数据库总体规划，制定统一的信用数据库建设标准，存储和使用规范，理顺监管体制。

其次，完善企业和个人信用档案库，建立全面、动态、真实的信用记录，准确反映企业和个人的信用状况；推动政府有关职能部门、银行信贷信息、法院诉讼信息及市场交易信息数据库的共享和协同监管机制。

再次，大力宣传信用体系建设的有关知识及重要意义，加大诚实守信的宣传教育力度，推动企业和个人增强信用意识，营造良好的社会信用环境。

最后，重视信用体系的基础设施建设，一是积极推动建立健全我国信用方面的法律和法规，二是积极培养信用方面的专业人才，深入研究信用理论知识。

二、关于不正当竞争问题

我国平台经济在短短20年里迅猛发展，并且在网络零售和支付领域成为世界的领航者。在快速发展中，局部难免发生无序竞争。在平台经济能够自组织解决而又不影响发展大局的情况下，建议由市场自发运行消化，螺旋发展探索最佳路径。但是，针对蓄意破坏市场公平竞争环境、阻碍中小企业创新发展的行为也绝不能姑息迁就，监管部门应在逐步完善有关法律法规的前提下，对违法违规行为进行重罚。

习近平总书记在2016年4月19日召开的中央网络安全和信息化委员会工作会议上提出：当前，我国互联网市场也存在一些恶性竞争、滥用市场支配地位等情况，中小企业对此意见不少。这方面，要规范市场秩序，鼓励进行良性竞争。这既有利于激发企业创新活力、提升竞争能力、扩大市场空间，又有利于平衡各方利益、维护国家利益、更好服务百姓。

占有市场优势地位的平台企业采取“二选一”行为，会打击竞争对手，但同时也破坏了公平的市场环境，降低了经济运行效率，阻碍了创新步伐，剥夺了消费者的选择权。

针对平台“二选一”行为，建议采取如下措施进行规范。

首先，政府有关部门加强政府监管。

一是完善对网络平台采取“二选一”等不正当竞争行为进行约束和处罚的法律法规。二是通过技术和制度创新，解决取证难的问题。三是在重大促销活动前，提前进行布防监控。四是对已经发现的违法行为进行严厉处罚，并通过宣传让全社会引以为戒。

其次，建立全员共同监管和治理模式。

一是加强对公众、商家和平台的宣传，加深公众对相关“二选一”行为及其危害性的认识。二是加强有关法律法规的宣传，提高消费者维权意识和保留证据的习惯，积极采取法律手段维护自身权益。三是降低投诉举报门槛，对受害方或弱势群体进行法律援助。四是学术科研单位加强相关领域的研究，在新领域进行理论创新，指导实践发展。

最后，平台企业树立社会责任感。

企业追求经济效益的同时，绝不能忽视企业应该承担的社会责任。一是企业应该加强社会意识，树立主人翁责任感，将企业的利益融入全社会发展的共同利益中，员工的自豪感和自信心明显加强。二是摒弃自私和短视行为，把社会责任融入企业愿景和发展战略中，只有这样企业才能长盛不衰。三是在诚信经营的同时，企业履行必要的社会责任和义务，为用户提供满意的服务，公平竞争，参与公益活动，实现企业与环境的协调发展。四是将坚持社会责任融入企业文化，增强对员工的教育和培养，增强员工的自豪感和自信心，激励员工的工作热情。

三、关于消费者个人信息被泄露和滥用问题

在数据日益成为各领域重要资产的数字时代，提前思考和制订大数据使用的相应规则和规范，对于指导行业健康发展具有重要意义。结合我国个人数据保护的实际情况，提出如下对策建议。

第一，政府加大数据资产监管力度。

数据安全是保护消费者权益的基础和前提，对维护产业健康发展和国家数据安全也至关重要。当前，各国都将发展数字经济作为国家发展的重要战略，而且不同经济体的数据治理法律规则体系之间的差异性较大，未来国际

间的数据保护冲突也会越来越频繁。因此，制定适宜的个人数据保护战略及配套的法律规则显得愈发重要，既要鼓励产业的健康发展，又要维护消费者的合法权益，并且又能在国际合作与竞争中取得优势。合理平衡保护和发展的关系，需要决策层具有智慧和前瞻性。

第二，加大对数据资产侵害行为的惩处力度。

通过法律手段，加大对个人数据侵权行为的违法处罚力度，提高相关违法行为的犯罪成本，从而对犯罪分子起到震慑作用，减少侵权行为的发生。目前，我国有些地方正在尝试通过法律手段处罚犯罪分子，如贵州、湖南、江苏等地，对非法侵犯个人信息的行为处以最高50万元的罚款。未来，随着一系列法律法规的进一步完善和出台，对侵犯个人数据行为的处罚力度将更加严厉，处罚范围将更大。

第三，平台企业增强对个人数据的保护力度。

平台企业应加强个人信息保护，控制信息泄露和滥用风险。一是增强对个人数据保护重要性的认识，自觉学习和掌握有关的法律法规。二是增加研发投入，鼓励通过掌握关键技术不断提升数据的保护能力。三是制订完善的应急方案，能够针对漏洞及时进行有效的反应。

第四，提升对个人数据保护重要性的认识，加大舆论宣传力度。

在加强立法保护的同时，还应该动员全社会的力量共同参与个人数据保护工作，利用各种手段进行事前的宣传和教育。增加舆论宣传力度，加强对消费者个人数据保护重要性及防护措施的宣传，通过网络、电视等多媒体宣传有关知识和典型案例，提高消费者的自我保护意识，创造舆论的良好氛围，提高全民安全意识。降低消费者投诉门槛，鼓励公众举报个人数据资产受到侵犯的违法行为。

第五，加快建立个人数据应用和共享的法律和政策框架。

数据资产是宝贵的资源，能够有效提高企业营销效率和政府执政管理水平。因此，如何推动数据应用和共享是一个战略性问题。一是在保证个人数据安全的情况下，考虑权利义务对等原则，平衡企业投入与产出效益之间的关系，明确数据资源的产权。二是推动数据共享规则的制定，推动数据在机构之间的合法、合理地流动，充分挖掘数据的社会和经济价值，推动数字经济的发展。

四、关于平台企业创新遇到瓶颈问题

在流量遇到瓶颈的今天，网络零售企业要想再次实现跨越式发展，必须不断创新，跨入新一轮成长周期。

1. 鼓励平台企业从多个角度创新和融合

虽然近年一些大型网络购物平台创新发展缓慢，但是当前网络购物比例只占社会商品零售总额的20%，还有广阔的发展空间。并且，市场中还有很多蓝海需要进一步探索，比如农产品的进一步上行，跨境网购市场的进一步扩大，网购与现代信息技术的进一步融合，等等。因此，具体来讲，应从以下几个方向探索网络购物市场的发展：一是积极探索网络购物与传统制造业的融合，在帮助传统企业数字化转型的过程中寻找商机。二是向提供高质量商品和高品质服务方向转型，满足人们日益增长的物质和文化需求。尤其是食品、文化等领域，消费者更愿意为更高质量的商品埋单。三是与多入口、多平台、多应用的融合，建立共生共荣的商业生态体，互相引流，优势互补，有助于为消费者提供一站式服务。

2. 鼓励大型平台企业进行全方位的创新

大型网络购物平台经过多年的发展，拥有充裕的资源和经验优势，为进一步创新奠定了坚实的基础。大型平台创新，一是技术方向。做精做透技术，探索大数据、人工智能、云计算与网络零售的紧密结合，探索通过技术创新而创新产品和服务。如为商家提供信息化转型服务、数据服务和云服务等。二是探索更大的市场空间，加快全球化步伐。我国网络购物市场领先于全球，积累了丰富的经验和商业模式。在充分调研的前提下，可以考虑将模式复制到一些国家和地区，拓展市场边界，取得市场先机。三是进行企业管理创新，根据市场和商业模式进一步进行有利于创新的变革，如组织结构的扁平化调整，变革奖惩机制，为一线员工赋能，鼓励员工的创新。

3. 为创新型中小企业提供适宜的发展环境

政府部门积极营造有利于中小企业创新的商业环境。一是营造公平竞争的商业环境，对阻碍中小企业创新的垄断行为进行重罚。二是从舆论上营造有利于中小企业创新的社会环境，对创新失败者给予更多的鼓励和包容。三是为中小企业创新给予政策上的支持，包括技术研发补贴、税收减免等优惠。四是政府有关部门采取包容审慎监管原则，根据实际情况，对中小企业在发展中存在的问题给予改正的机会。五是鼓励金融机构为中小企业提供贷款服务，创新适合中小企业的融资方式。六是推动“产学研”建立长期合作机制，鼓励事业单位的科研人员到中小企业兼职，解决中小企业创新中的人才不足问题。

第七章

案例和启示

案例：小红书下架引发的思考

2019 年，小红书 App 在多家手机应用商店被下架，引起了社会广泛热议。引起热议的原因之一是其近年高速发展，已经具有 2.5 亿用户，其“社交 + 电商”的商业模式被看好，获得多轮风险投资。此次小红书被下架，不仅对于小红书来讲是一次重大危机，同时也给业界带来深刻的思考。社交电商如何才能保持快速健康成长？如何营造健康有序的电商发展环境？

一、模式创新，社交电商快速发展

社交电商是基于社交应用引流的电子商务形式，是电子商务创新的新模式。根据社交电商运营模式的差异，社交电商分为四种类型，分别是拼购类、分销类、内容类和技术类，小红书就属于内容类社交电商。

随着移动互联网的广泛应用，我国社交电商快速发展，2018 年社交电商市场规模达到 1.2 万亿元[①]。社交电商具有广阔的发展潜力，其 2018 年增速达到 63.2%，远高于传统网络零售业 23.9%[②] 的增速。社交电商作为新的细分业态，吸纳大量就业，从业人员规模突破 3000 万人。随着拼多多的崛起和上市，社交电商成为风险资本追逐的风口，2018 年社交电商投资总额超过 200 亿元[③]。

---

① 数据援引自中商产业研究院网站，引用时有筛选。

② 数据援引自国家统计局官网，引用时有筛选。

③ 社交电商电商有多火？ 2018 年融资超 200 亿元［EB/OL］.（2019-01-11）［2019-10-21］.http://finance.money.dom/a/201901111024571955.html.（引用时有微调）

社交电商快速发展有其独特的商业优势。一是传统电商流量稀缺，获客成本居高不下，而社交电商能有效地将社交流量引入网络购物环节，解决了用户从哪里来的问题。二是用户推荐购买，分享购物体验，为其他消费者提供丰富的第三方体验信息，缩短消费者购物决策时间，提高了流量转化率，解决了如何卖的问题（见图 7–1）。以小红书为例，其 5% 的进店转化率就远高于传统模式的网络购物平台。三是社交电商平台汇聚了海量用户和商品体验内容，也吸引了越来越多的第三方商家入驻，解决了谁来卖的问题。相比自营模式，开放平台模式的商品更加丰富，运营成本更小，库存积压风险更低。

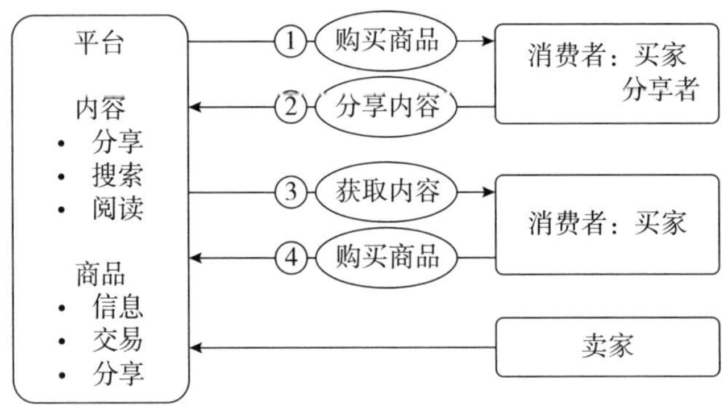

图 7–1　平台内容引导商品销售的互动机制

二、社交电商存在的问题

社交电商有其独特的商业模式优势，但是也有无法回避的劣势。尤其是“内容 + 电商”模式，更是给平台监管带来了严峻的挑战。

1. 用户生产内容带来监管难题

海量用户产生海量信息。在开放的社交电商平台上，拥有消费者和商家两类用户，而且由于网络外部性特点，一方用户总量的增长会促进另一方用户数量的增长。商家在不同产品大类中发布商品信息，消费者在不同兴趣社区里发布商品体验和推荐信息。海量主体每天会发布海量信息，信息无限制地制造和积累，导致了信息泛滥。根据小红书在 2019 年 5 月公布的数据，平台消费者数量超过 2.5 亿人，月活跃用户超过 8500 万人，社区每日产生 30 亿条信息。并且这些信息的形式多种多样，既包括文字，也包括图片和短视频。

平台信息真假难辨，良莠不齐。由于社区内容与商品的销售量紧密相连，在利益驱动下，一些不良商家盯上了社区内容，采取了雇用写手、虚假评价、恶意刷单等不法手段，从中牟取利益，造成平台上诈骗、虚假宣传等不良信息日益泛滥。

虚假和恶意信息危害极大。平台上的不良信息真假难辨，对应的产品和服务质量参差不齐，不仅对消费者进行了误导，还侵犯了消费者的权益。不仅如此，这些不良信息和欺骗行为也损害了商家信誉。海量不良信息增加了平台运营成本和难度，威胁平台的健康和可持续发展。

不良信息为平台内容监管带来挑战。极度喷发的信息量，超过了人们的想象和处理能力，并且不良信息及违法行为也呈现复杂化、隐蔽化和专业化的趋势。不法分子通过修改关键词、添加图片和视频等形式，增加平台通过技术手段过滤的难度。据小红书称，公司有几十人的反作弊团队，500 余人的监管团队 7 × 24 小时在线审核内容。为了提高监管效率，小红书还通过机器和人工智能的手段，建设了 100 多套数据模型，补充人工监管方式的不足。

2. 初创型平台企业的治理理念和治理能力不足

互联网行业进入门槛低，上市变现周期短，致使行业竞争异常激烈。在互联网领域，每产生一个好的商业模式，都会吸引众多创业者和投资者蜂拥而至。扎堆的弊端就是行业竞争惨烈，而互联网行业的运行规则是风险投资几乎只看排名前三的企业。只有排名靠前，才能获得风险投资的青睐，才有资金继续支持“跑马圈地”，直至企业完成上市。当年，团购概念获热炒，几千家团购网站拼杀，直到最后只剩下几家。曾经的共享单车补贴大战，如今也都偃旗息鼓，众多共享单车企业也都悄然关停。

竞争中，平台企业常常无暇顾及平台治理问题。为了应对激烈的市场竞争，追求用户数量增长和市场份额扩张，初创企业常常疲于冲量，而无暇顾及细化服务和可持续发展。各个部门和岗位都背负沉重的考核指标。在没有摆脱生存压力之前，初创企业的核心指标就是数量扩张。在数量目标导向下，初创型平台企业常常忽视平台的治理问题，也很少能拿出大量资金和人力投入到平台治理工作之中。

三、社交电商的治理对策

社交电商在我国发展只有几年时间，针对目前行业出现的问题，建议治理的原则是：在鼓励创新的前提下，采取包容审慎的监管原则，坚守法律底线，保护消费者合法权益，维护公平的市场环境。

1. 鼓励创新，包容性监管

社交电子商务处在成长初期，应采取鼓励创新和包容性的监管理念。目前，社交电子商务在我国发展处在起步期，商业模式还处在探索阶段，各种平台企业规模还比较小。根据统计，社交电商只占网络零售总额的 1/7，占社会商品零售总额的 3%。在国家鼓励创新创业的背景下，建议政府有关部门继续在监管中引入适应性治理，采取“包容审慎”的监管原则，营造新旧动能转换的宽松市场环境，推动新业态发展，促进新经济释放更大潜能，更好地促进经济繁荣，带动就业，满足消费者日益增长的需求。

2019 年 8 月，《国务院办公厅关于促进平台经济规范健康发展的指导意见》（国办发〔2019〕38 号）发布，其中同样强调了针对平台经济采取包容性监管的原则，要“本着鼓励创新的原则”“创新监管理念和方式，实行包容审慎监管”“对一时看不准的，设置一定的‘观察期’，防止一上来就管死”。

2. 多元共治，多主体协同快速反应

互联网平台本身是一个小而复杂的生态经济系统，容纳多元主体，包括平台运营商、商品和服务的供需双方、政府监管部门、行业协会等。平台出现问题，通常涉及多类主体，因此平台的治理需要多主体共同参与，进行专业化分工和快速协作。首先，平台的监管需要多方主体各司其职：政府适度地监管、平台积极主动地管理、商家遵纪守法、行业协会自律和协调、消费者积极维权、媒体舆论正确引导。其次，平台主体之间，部门和部门之间，还需要紧密合作，共享信息，建立线上线下快速反应的联动机制，及时对平台上发生的问题进行有效治理。

3. 加强培训，培养平台企业的监管意识和能力

党的十九大提出，到 2035 年，我国基本建成法治国家。平台经济在我国经济社会发展中，发挥越来越重要的作用，为了保障其健康快速成长，利用法律手段进行监管非常必要。当前，我国已经出台了一系列相关的法律法规，如针对互联网领域专门出台的《中华人民共和国网络安全法》《中华人民共和国电子商务法》《信息网络传播权保护条例》等，此外相关领域还出台了《中华人民共和国广告法》《中华人民共和国食品安全法》《中华人民共和国消费者权益保护法》等。有了相应的法律，就要依法打击违法犯罪行为，维护市场公平竞争的环境。然而，互联网平台企业的管理者缺乏对有关法律法规的了解，对平台上的违法犯罪活动的危害性也缺乏清晰的认识。这就需要平台主管部门增强培训和指导，提高互联网从业者的法律意识和责任感及对有关法律条款的了解。

随着平台经济在各个细分领域的不断拓展和深化，一些全新的问题逐渐暴

露出来，产生了对法律规范的新需求。传统的行政监管方式已经滞后于新业态和新商业模式的发展需要，需要适时修改和建立与实践相适应的法律体系。这就要求我国建立全面的法律监管规划和框架，并与行政监管体系互相配合，围绕重大和紧迫的问题，针对条件成熟的领域，适时推出相关法律法规。

4. 监管创新，平台勇于承担治理责任

平台应勇于承担治理的责任和义务，多维度建设完善的平台监管体系。平台企业掌握消费者和商家的背景信息和日常使用数据，因此在保障平台数据安全的基础上还应积极承担平台监管的责任：一是建设稳定、安全的平台系统，保证平台的稳定运行；二是科学地对平台用户进行分类管理，对于一些特殊领域，应按照国家有关的法律法规要求，设置准入门槛，进行重点监控，比如，在电子商务平台上，食品经营者必须要具有《食品卫生许可证》和《食品生产许可证》等；三是建立完善的平台运行规范，加大审核和监管力度，严惩违反规则和失信的平台主体；四是积极进行监管创新，搭建平台诚信体系，通过技术创新实现智能监管，建设消费者维权和实时举报机制；五是积极主动地与有关部门、消费者、行业协会等主体建立信息分享和联动机制，实现线上和线下的有效对接，积极配合执法部门对平台上的问题进行追溯、监管和处理。